Impressum
Verlag: BABADADA GmbH, Nedderfeld 112 , 22529 Hamburg
Geschäftsführer / Verlagsleitung: Harald Hof
Druck: Books on Demand GmbH, In de Tarpen 42, 22848 Norderstedt

Imprint
Publisher: BABADADA GmbH, Nedderfeld 112 , 22529 Hamburg, Germany
Managing Director / Publishing direction: Harald Hof
Print: Books on Demand GmbH, In de Tarpen 42, 22848 Norderstedt

shule

ikigo c' amashure

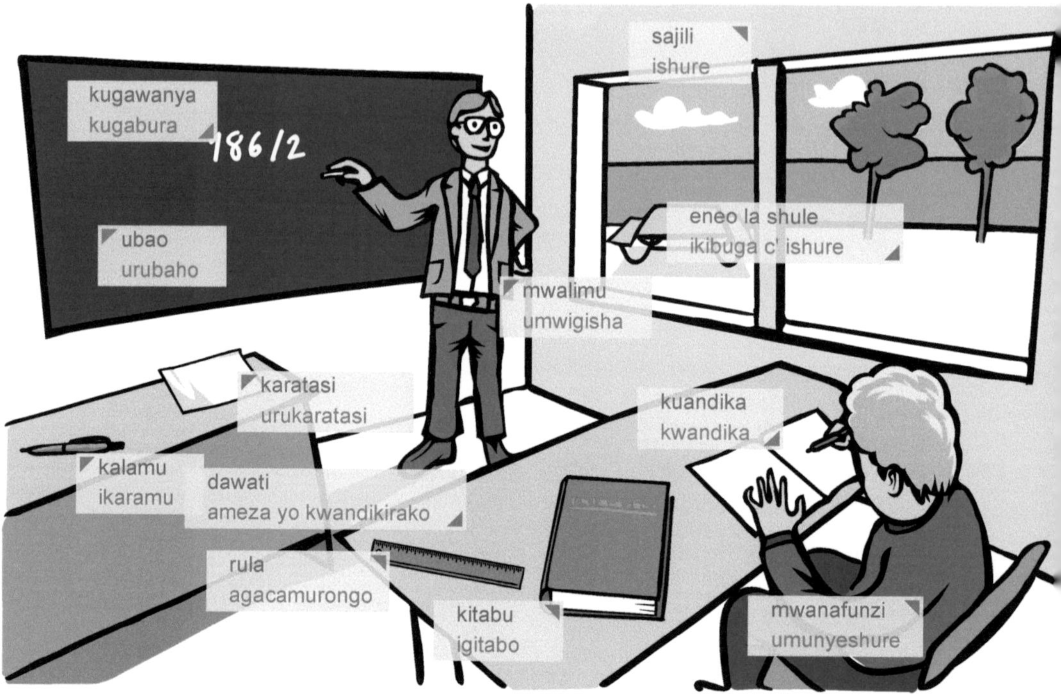

sajili
ishure
kugawanya
kugabura
186/2
eneo la shule
ikibuga c' ishure
ubao
urubaho
mwalimu
umwigisha
karatasi
urukaratasi
kuandika
kwandika
kalamu
ikaramu
dawati
ameza yo kwandikirako
rula
agacamurongo
kitabu
igitabo
mwanafunzi
umunyeshure

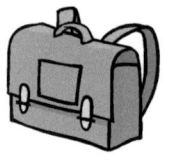

mkoba

isakoshi y'' ishure

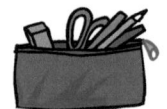

kikasha cha penseli

agasaho k' amakaramu

penseli

ikaramu y igiti

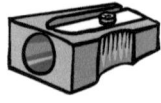

kichonga penseli

agasongozo k ikaramu y igiti

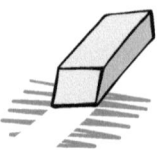

mpira

igome

pedi ya kuchora

ikaye yo gucapamwo

uchoraji

igicapo

brashi ya rangi

ikaramu bacapisha irangi

sanduku la rangi

agasandugu kamabara

mkasi

imikasi

gundi

kore

daftari

ikaye y' imyimenyerezo

kazi ya nyumbani

imyimenyerezo yo muhira

nambari

igiharuro

jumlisha

guteranya

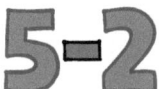

ondoa

gukuramwo

zidisha

kugwiza

kokotoa

guharura

barua

urudome

alfabeti

indome

hello

neno

ijambo

maandishi

igisomwa

kusoma

gusoma

chaki

ingwa

somo

icigwa

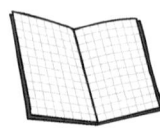

sajili

igitabo c' ishure

uchunguzi

ikibazo

cheti

impamyabushobozi

sare za shule

impuzu y' ishure

elimu

kwiga

elezo

kazinduzi

chuo kikuu

kaminuza

darubini

mikorosikopi

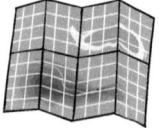

ramani

ikarata

kikapu cha kuweka karatasi chafu

agaseke bajugunyamo amakaratasi

usafiri

urugendo

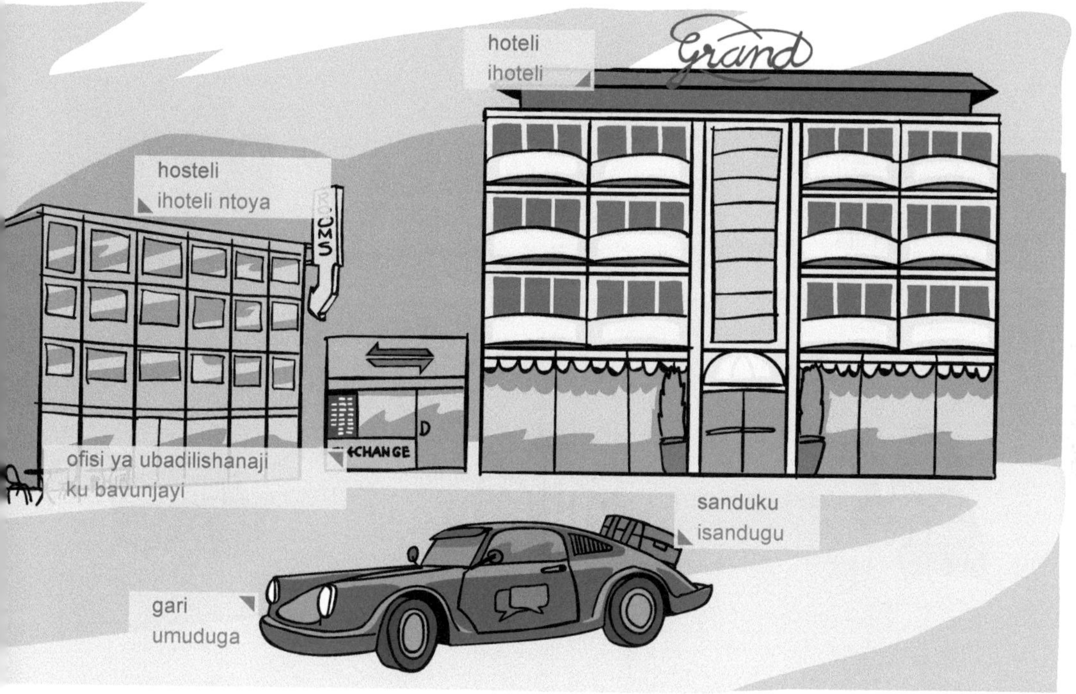

hoteli
ihoteli
Grand
hosteli
ihoteli ntoya
ofisi ya ubadilishanaji
ku bavunjayi
sanduku
isandugu
gari
umuduga

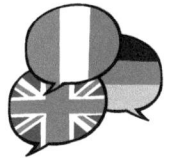

lugha

ururimi

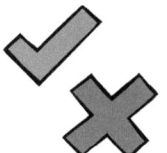

ndiyo / la

ego / oya

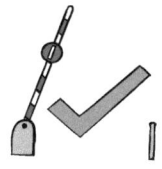

sawa

ego

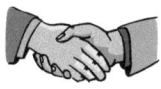

hujambo

amahoro!

mtafsiri

umuntu asigura

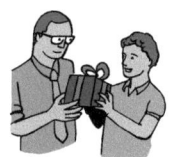

Asante

ndashimye

kiasi gani ni ...?

ni angahe?

Sielewi

sindabitahura

tatizo

ingorane

Jioni njema!

mwiriwe!

Habari za asubuhi!

mwaramutse

Usiku mwema!

ijoro ryiza!

kwa heri

nakagaruka

mwelekeo

inzira

mizigo

imizigo

mfuko

igapo

shanta

isaho baheka mu mugongo

mgeni

umushitsi

chumba

icumba

begi la kulalia

umufuko wo kuraramo mu rugendo

hema

ihema

taarifa ya utalii

kumenyesha ingenzi

ufuo

ku musenyi

kadi

ikarata y' amahera

kifunguakinywa

ifunguro rya mugatondo

chakula cha mchana

ifunguro ryo ku murango

chakula cha jioni

ifunguro ry 'ijoro

tiketi

itike

kuinua

ingazi y' umuyagankuba

muhuri

umukono

mpaka

umupaka

mila

duwane

ubalozi

ubuserukizi bw' igihugu

visa

viza

pasipoti

pasiporo

usafiri

gutwara abantu n' ibintu

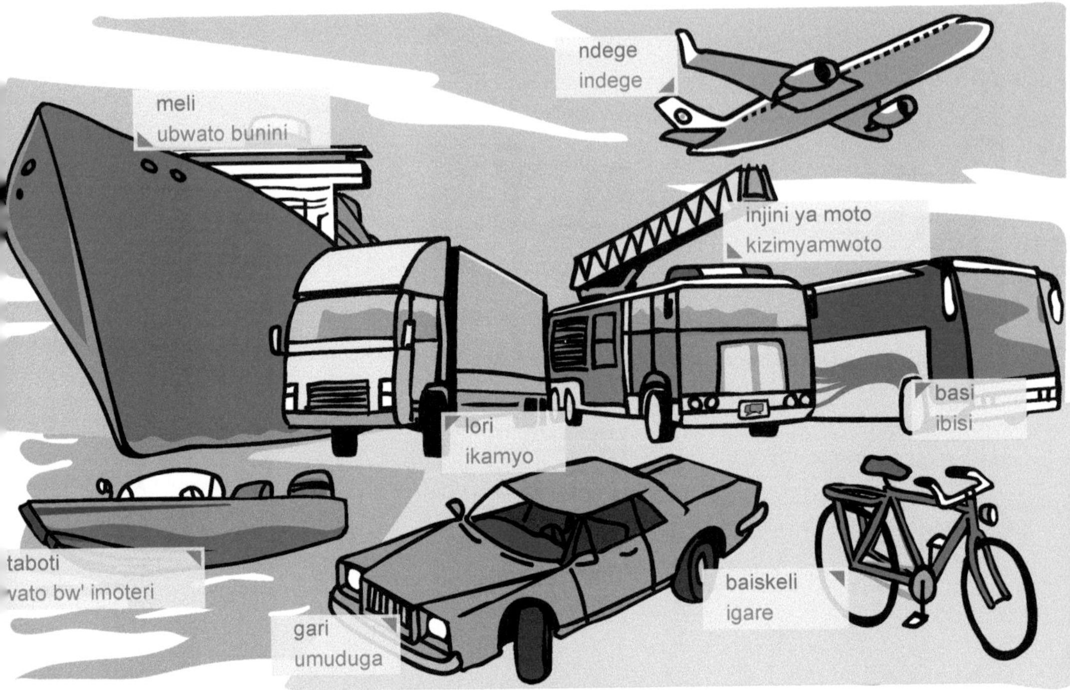

ndege
indege
meli
ubwato bunini
injini ya moto
kizimyamwoto
basi
ibisi
lori
ikamyo
taboti
vato bw' imoteri
baiskeli
igare
gari
umuduga

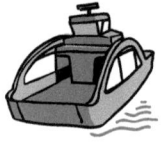

feri

ubwato bunini

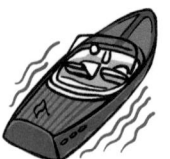

mashua

ubwato

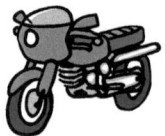

pikipiki

ipikipiki

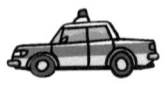

gari la polisi

umuduga w' igipolisi

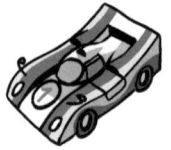

gari la mashindano

umuduga wa kuruse

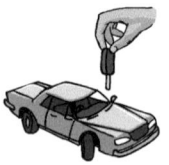

gari la kukodisha

umuduga bakodesha

kushiriki gari

gukoresha imodoka imwe muri benshi

lori la kuvuta

uruduga ruheka izindi

ukusanyaji taka

umuduga utwara umucafu

motor

imoteri

mafuta

igitoro

kituo cha mafuta

ubunywero bw'ibitoro

ishara trafiki

irango vyo ku mabarabara

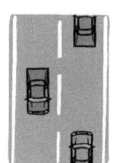

trafiki

uruja n' uruza

msongamano

akajagari k' imiduga mw' ibarabara

maegesho

igituro c' imiduga

kituo cha treni

igituro ca gari ya moshi

reli

ibarabara rya gari ya moshi

garimoshi

gari ya moshi

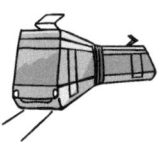

tremu

gari ya moshi bita tram

gari la mizigo

igipande ca gari ya moshi

helikopta
kajugujugu

uwanja wa ndege
ikibuga c' indege

mnara
umunara

abiria
ingenzi

chombo
konteneri

katoni
ikarato

mkokoteni
isharete

kikapu
icibo

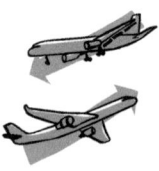

ondoka
kuguruka / kugwa

jiji

igisagara

kijiji
umutumba

katikati ya jiji
hagati mu gisagara

nyumba
inzu

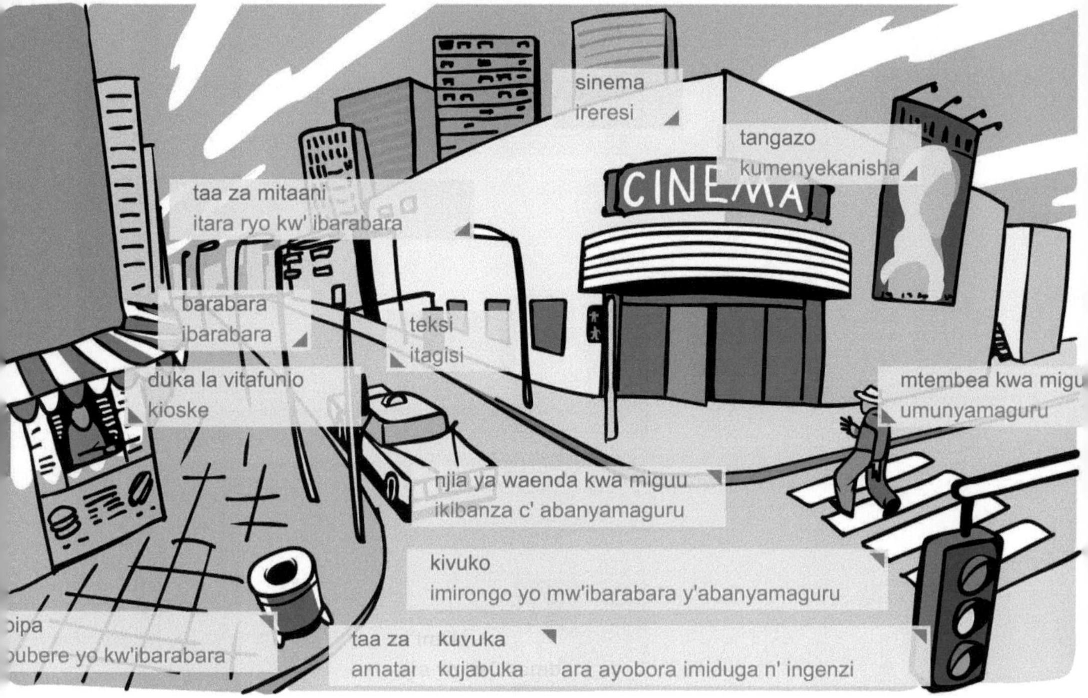

sinema
ireresi

tangazo
kumenyekanisha

taa za mitaani
itara ryo kw' ibarabara

CINEMA

barabara
ibarabara

teksi
itagisi

mtembea kwa migu
umunyamaguru

duka la vitafunio
kioske

njia ya waenda kwa miguu
ikibanza c' abanyamaguru

kivuko
imirongo yo mw'ibarabara y'abanyamaguru

oipa
oubere yo kw'ibarabara

taa za   kuvuka
amatai   kujabuka   ara ayobora imiduga n' ingenzi

kibanda

akazu k' ikirundi

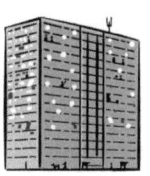

gorofa

aparitema

kituo cha treni

igituro ca gari ya moshi

ukumbi wa mji

meri

Makavazi

iratiro ry' ivyakera

shule

ikigo c' amashure

chuo kikuu

kaminuza

benki

ibanki

hospitali

ibitaro

hoteli

ihoteli

duka la dawa

farumasi

ofisi

ibiro

duka la kitabu

aho badandaza ibitabo

duka

akaduka

duka la maua

umudandaza w'amashugwe

dukakuu

supermarshe

soko

isoko

idara ya kuhifadhi

iduka

mwuza samaki

umudandaza w' amafi

kituo cha ununuzi

ihuriro ry'amaduka

bandari

ikivuko

Hifadhi

ikibanza batemberamwo

benki

intebe ndende

daraja

ikiraro

vidato

ingazi

chini ya ardhi

gari ya moshi bita métro

handaki

ibarara ry' indani y' isi

kituo cha mabasi

igituro c' amabisi

bar

ubunywero

mgahawa

resitora

sanduku la posta

ahaja amakete

ishara ya barabara

ikirango co kw' ibarabara

mita ya maegesho

isaha yo ku gituro c'
imiduga

bustani ya wanyama

iratiro ry' ibikoko

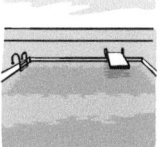

kidimbwi cha kuogelea

pisine

msikiti

umusigiti

shamba
ubwororero

uchafuzi
konona ibidukikije

makaburini
akaburi

kanisa
kw'isengero

uwanja wa michezo
ikibuga

hekalu
inyubako za kera bita
temple

mazingira
imisozi

jani
ikibabi

ishara ya mwelekeo
ivyapa

njia
inzira

malisho
ubwatsi bita gazon

jiwe
ibuye

mtembeaji wa masafa
umuntu atembera kure n' amaguru

mto
uruzi

mti
igiti

nyasi
ubwatsi

ua
ishugwe

bonde
ikiyaya

kilima
umusozi

ziwa
ikiyaga

msitu
ishamba

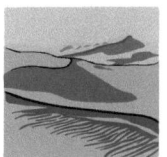

jangwa
ubugaragwa

volkano
ikirunga

ngome
ishato

upinde wa mvua
umunywamazi

uyoga
ikizinu

mtende
ikigazi

mbu
umubu

kuruka
isazi

chungu
urutozi

nyuki
uruyuki

buibui
igitangurigwa

mende

agakoko gato bita
coléoptère

chura

igikere

kuchakuro

agakoko bita écureuil

nungunungu

ikinyogote

sungura

urukwavu

bundi

igihuna

ndege

inyoni

swan

imbata

nguruwe mwitu

ingurube y' ishamba

kulungu

idubu

aina ya kongoni

igikoko bita élan

bwawa

urugomero

tabo ya upepo

icuma gitanga
umuyagankuba

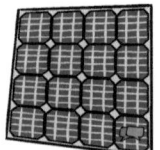

nishaji ya jua

ikimuri c' imishwarara

hali ya hewa

igihe

mgahawa
resitora

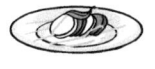

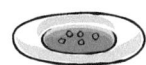

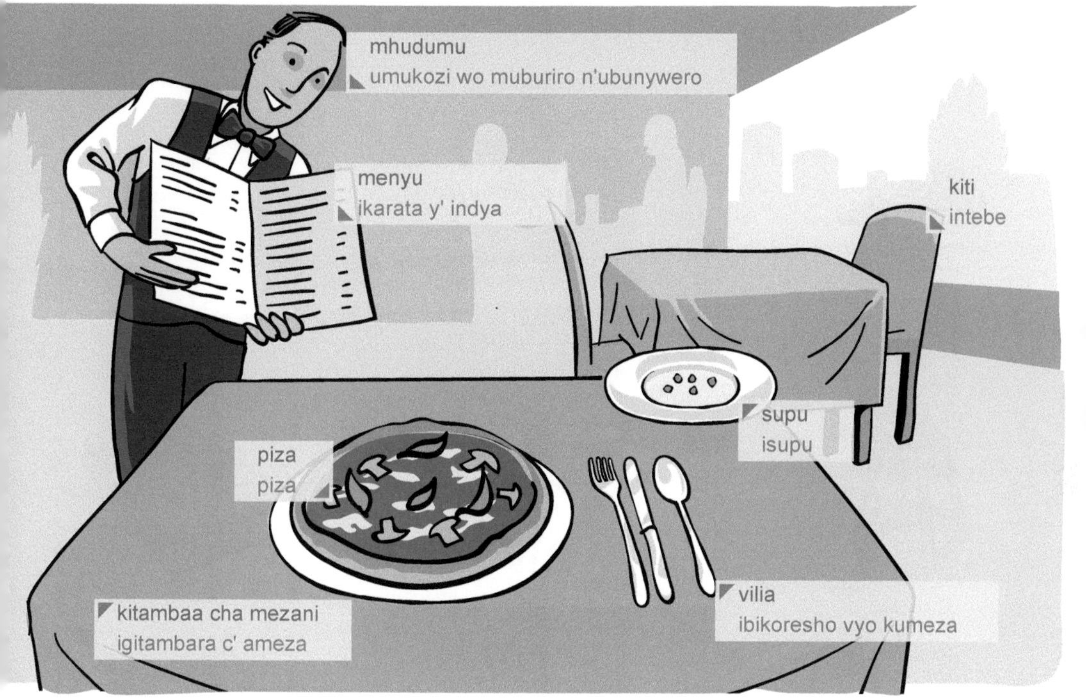

mhudumu
umukozi wo muburiro n'ubunywero
menyu
ikarata y' indya
kiti
intebe
supu
isupu
piza
piza
kitambaa cha mezani
igitambara c' ameza
vilia
ibikoresho vyo kumeza

kiamsha hamu

indya y' ibanze

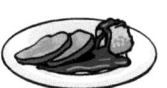

kozi kuu

indya nkuru

kitindamlo

deseri

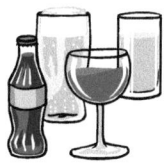

vinywaji

inyobwa

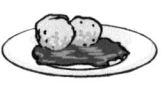

chakula

infungugwa

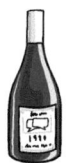

chupa

icupa

chakula cha haraka

infungugwa batekanye ingoga

Streetfood

Infungugwa barya bagenda

buli

ibirika y' icayi

kisanduku cha sukari

agakopo k' isukari

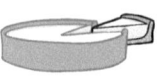

sehemu

igipande c' indya

mashine ya espresso

imachini ikora espresso

kiti kirefu

intebe ndende

muswada

inyemazabuguzi

trei

ako batwarako infungugwa

kisu

imbugita yo kumeza

uma

ikanya

kijiko

ikiyiko

kijiko cha chai

akayiko k' icayi

nepi

seriviyeti

glasi

ikirahuri

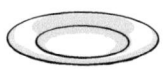

sahani

isahani

sahani ya supu

isahani y' isupu

sufuria

isutasi

mchuzi

isosi

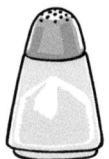

kichanyaji chumvi

akanyanyagiza umunyu ku ndya

kinu cha pilipili

agasya ipiripiri

siki

vinaigre

mafuta

amavuta

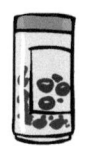

viungo

indyoshandya

kechapu

kecapu

haradali

mutaride

kachumbari nzito

mayoneze

dukakuu

supermarshe

ofa maalum
ivyagabanyijwe igiciro
mteja
umuguzi
maziwa
ibiva ku mata
FOR
matunda
icamwa
toroli
agakinga ko mw' iduka

BUTCHERS

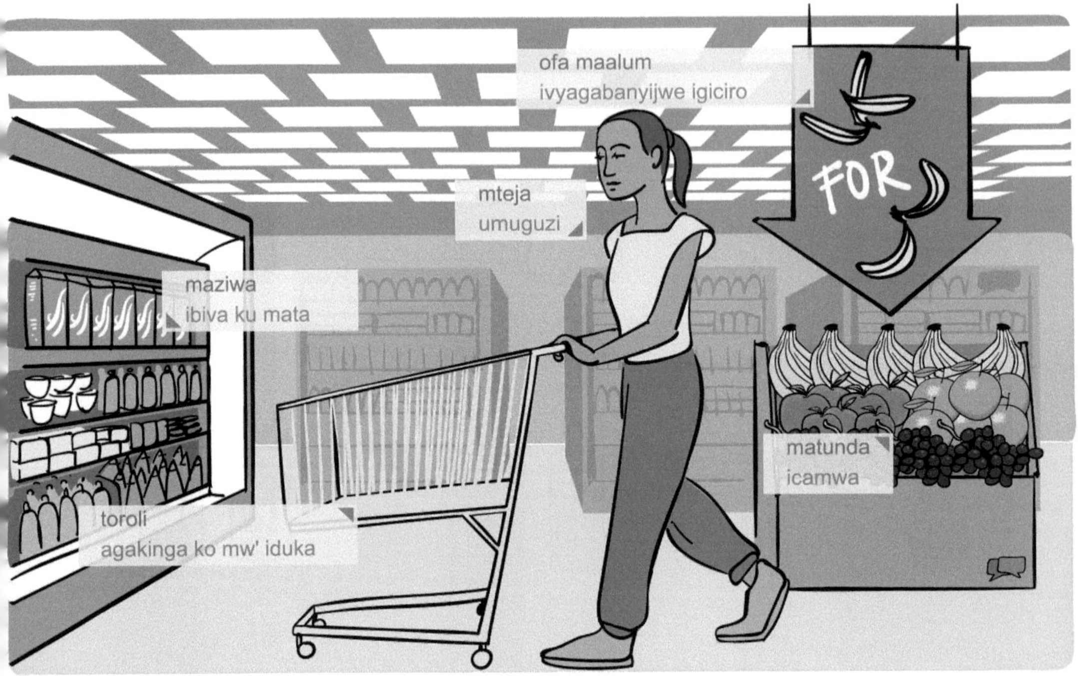

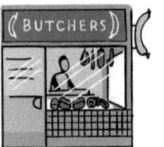

mchinjaji

amacuniro

BAKERY

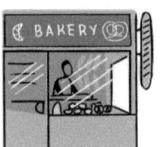

mwokaji

iburangeri

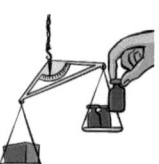

uzito

gupima

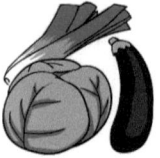

mboga

imboga

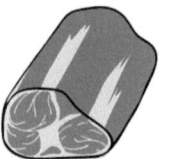

nyama

inyama

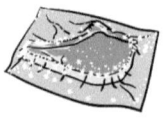

chakula waliohifadhiwa

Imfungurwa zikanye cane

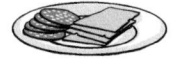

vipande vya nyama baridi

nfungugwa bita charcuterie en tranches

chakula cha kopo

amafunguro yo mu mabwate

sabuni ya unga

isabune yo kumesura

pipi

ibisosa

bidhaa za kaya

ibikoresho vyo muhira

bidhaa za kusafisha

ibikoresho vy'isuku

mtu mauzo

umudandaza

mpaka

kese

keshia

umuntu yakira amahera

orodha ya manunuzi

urutonde rw' ibidandazwa

masaa ya ufunguzi

amasaha yo kugurura

mkoba

ingodomoni

kadi

ikarata y' amahera

mfuko

isakoshe

mfuko wa plastiki

ishakoshe ya parastike

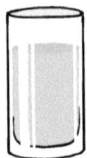

maji
....
amazi

sharubati
....
umutobe

maziwa
....
amata

coke
....
koka

mvinyo
....
umuvinyo

bia
....
ikiyeri

pombe
....
inzoga

kakao
....
kakao

chai
....
icayi

kahawa
....
ikawa

spreso
....
ikawa yitwa espresso

kapuchino
....
ikawa yitwa kapucino

ndizi

umuhwi

tufaha

ipome

machungwa

umucungwe

tikiti

icamwa bita melon

lemon

indimu

karoti

ikaroti

kitunguu saumu

igitungurusumu

mianzi

umugano

kitunguu

igitunguru

uyoga

ikizinu

karanga

ibiyoba

nudo

amakaroni

spageti

spagetti

mpunga

umuceri

saladi

isarade

vibanzi

ifiriti

viazi vya kukaanga

ifiriti

piza

piza

hambaga

hamburugere

sandwichi

sandwich

kipande

infungugwa bita escalope

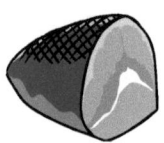

paja la mnyama

jambo

salami

salami

soseji

isosiso

kuku

inyama y' inkoko

choma

umusoso

samaki

ifi

oats ya uji

infungugwa bita flocons d' avoine

muesli

imfungugwa bita müsli

cornflakes

infungugwa bita corn - flakes

unga

ifarini

kroisanti

umukate bita croissant

andazi

umukate muto

mkate

umukate

mkate wa kubanika

umukate bashusha

biskuti

ibisuguti

siagi

amavuta

maziwa mgando

iforomaji yera

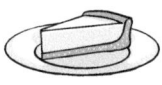

keki

igato

yai

irigi

yai kukaanga

amafunguro bita oeuf au plat

jibini

iformaji

aiskrimu

infungugwa bita crème
glacée

sukari

isukari

asali

ubuki

jemu

ikonfitire

kuenea kwa chokoleti

imfungugwa bita praliné

mchuzi wa viungo

infungugwa bita curry

shamba

ubwororero

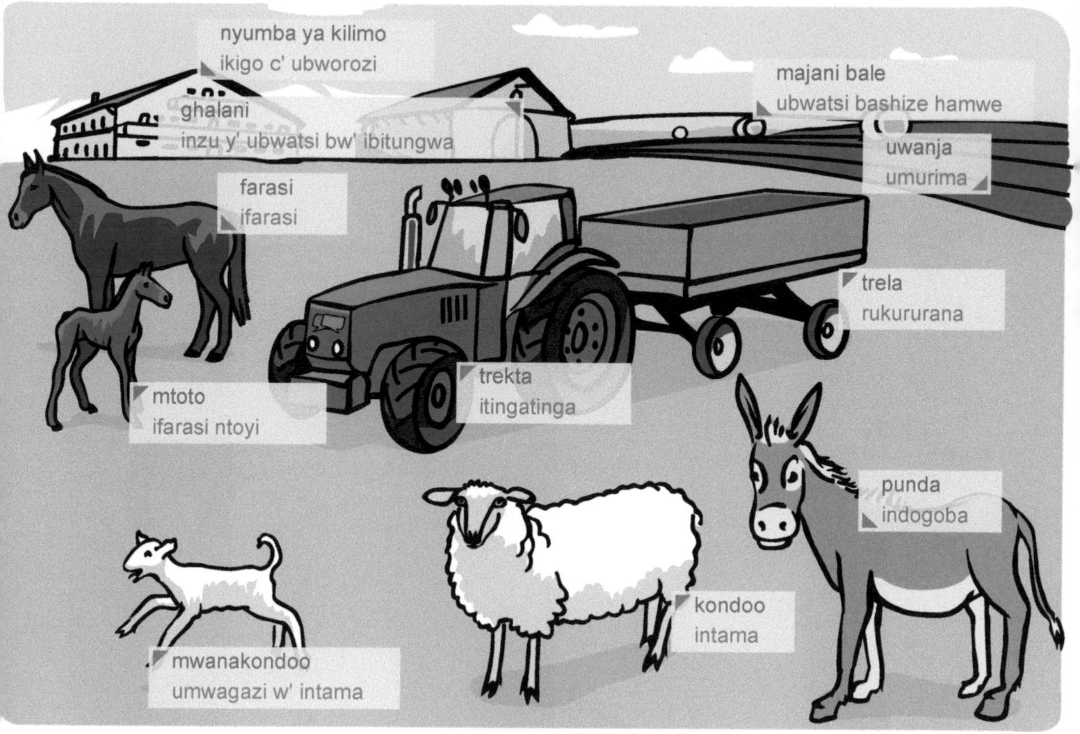
nyumba ya kilimo
ikigo c' ubworozi
ghalani
inzu y' ubwatsi bw' ibitungwa
majani bale
ubwatsi bashize hamwe
uwanja
umurima
farasi
ifarasi
trela
rukururana
mtoto
ifarasi ntoyi
trekta
itingatinga
punda
indogoba
kondoo
intama
mwanakondoo
umwagazi w' intama

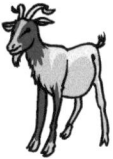

mbuzi

impene

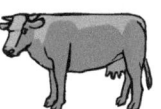

ng'ombe

inka

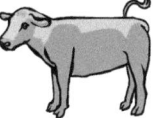

ndama

inyana

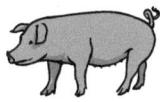

nguruwe

ingurube

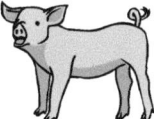

mwananguruwe

ikibuguru

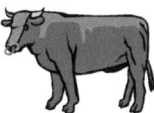

fahali

impfizi

batabukini

inyoni yitwa oie

bata

imbata

kifaranga

umuswi

kuku

inkokokazi

jogoo

isake

panya

imbeba nini

paka

akayabu

panya

imbeba

ng'ombe

ishuri

mbwa

imbwa

nyumba ya mbwa

umusaka w'imbwa

bomba la bustani

umuringoti wo kuvomerera
umurima

debe la kumwagilia maji

ico bakoresha basukira
amashurwe

fyekeo

urukero

kulima

majagu

mundu

umuhoro

jembe

isuka

uma wa nyasi

ikinyanyagiza ibitabizo irya n'ino

shoka

ishoka

toroli

inkorofani

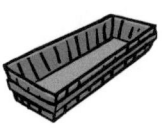

kupitia nyimbo

ubwato

chombo cha maziwa

icansi

gunia

umufuko

ua

urugo

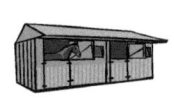

imara

indaro y' ibitungwa

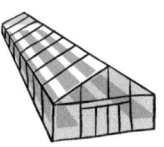

chafu

utuzu bashusha kugirango ibimera birimwo bikure

udongo

isi

mbegu

imbuto

mbolea

ifumbire

kivunaji

imashini yimbura

mavuno

kwimbura

mavuno

umwimbu

viazi vikuu

infungugwa bita igname

ngano

ingano

soya

isoya

viazi

ikiraya

mahindi

ikigori

rapa

ubwoko bw' ingano bita
colza

mti wa matunda

igiti c' ivyamwa

muhogo

imyumbati

nafaka

ibinyantete

nyumba
inzu

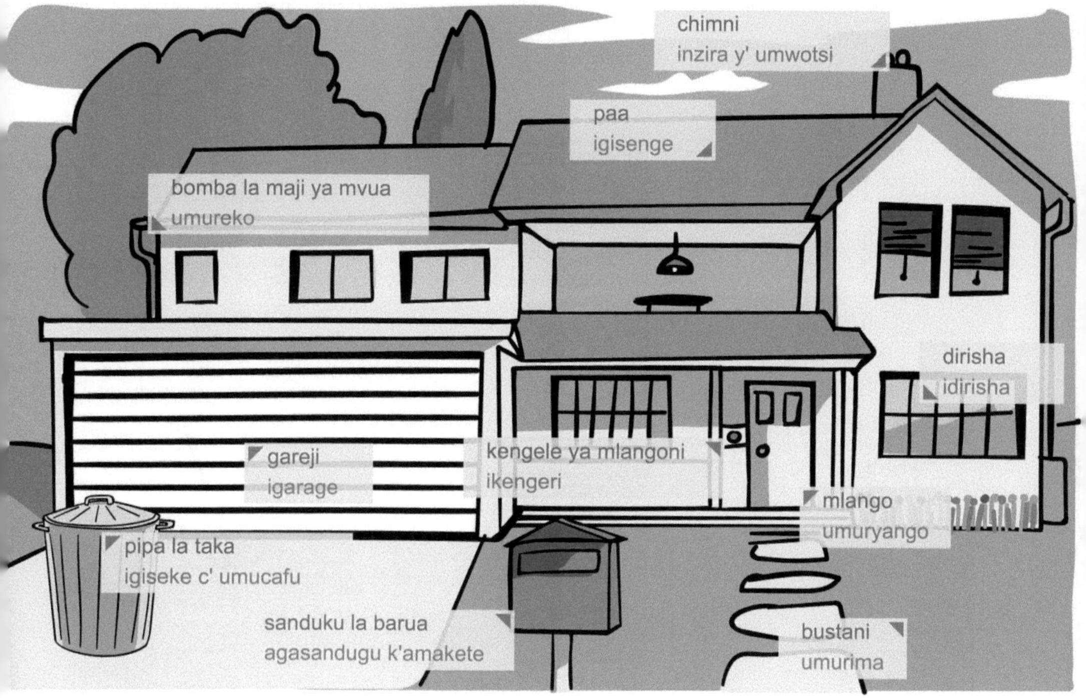
chimni
inzira y' umwotsi
paa
igisenge
bomba la maji ya mvua
umureko
dirisha
idirisha
gareji
igarage
kengele ya mlangoni
ikengeri
mlango
umuryango
pipa la taka
igiseke c' umucafu
sanduku la barua
agasandugu k'amakete
bustani
umurima

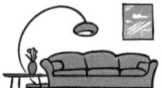

sebuleni

isaro

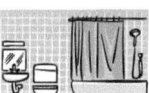

bafu

ubwogero

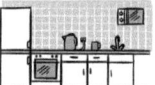

jikoni

igikoni

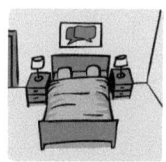

chumba cha kulala

icumba co kuraramo

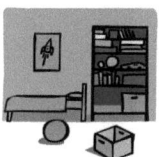

chumba ya mtoto

icumba c' umwana

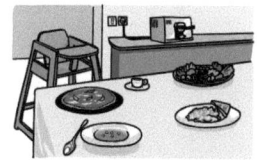

chumba cha kulia

uburiro

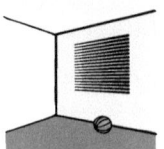

sakafu

hasi

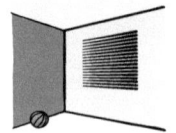

ukuta

uruhome

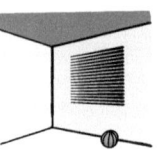

dari

igisenge c' inzu

pishi

kave

sauna

sauna

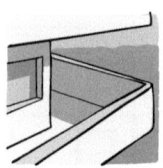

roshani

ibaraza

mtaro

ibaraza

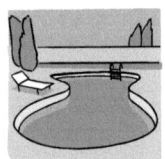

kidimbwi

aho bogera

mashine ya kukata nyasi

itondezi

karatasi

igikaratasi

kitambaa cha kupamba
kitanda

uburengeti

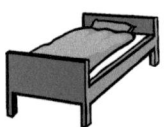

kitanda

uburiri

ufagio

umweyerezo

ndoo

indobo

kubadili

akabuto

sebuleni
isaro

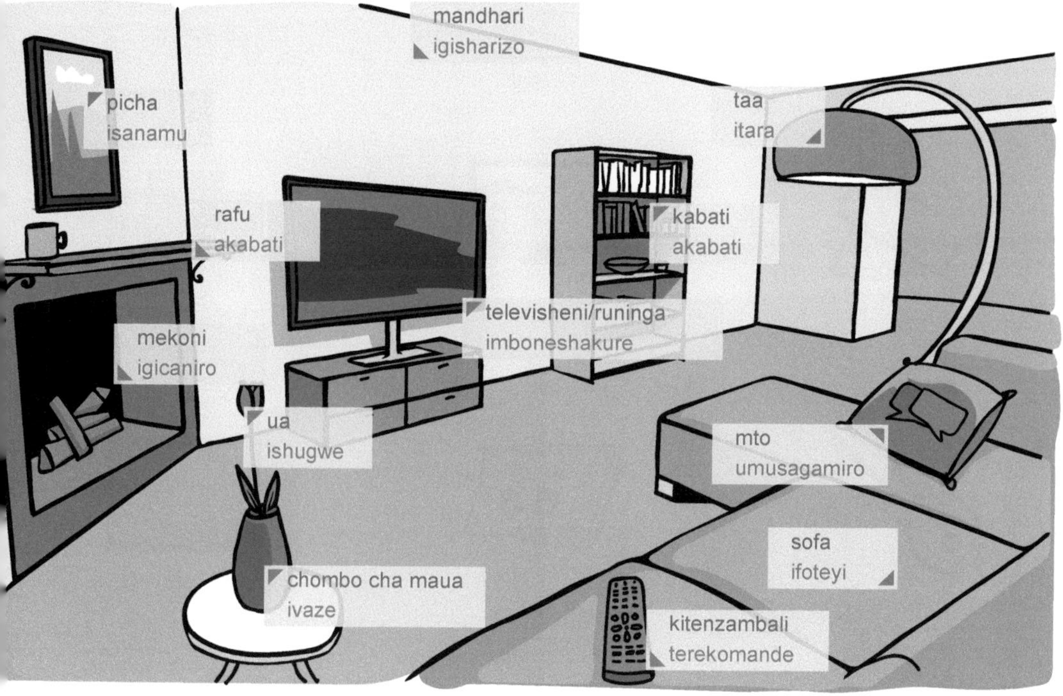

mandhari
igisharizo
picha
isanamu
taa
itara
rafu
akabati
kabati
akabati
televisheni/runinga
imboneshakure
mekoni
igicaniro
ua
ishugwe
mto
umusagamiro
sofa
ifoteyi
chombo cha maua
ivaze
kitenzambali
terekomande

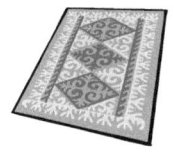

zulia

itapi

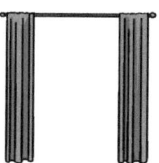

pazia

irido

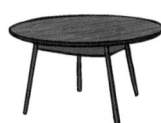

meza

ameza

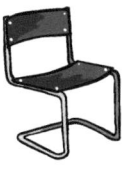

kiti

intebe

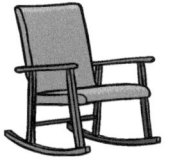

kiti cha bembea

intebe icundera

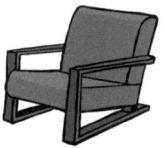

armchair

ifoteyi

kitabu

igitabo

blanketi

ikirengeti

mapambo

ibitako

kuni

inkwi

filamu

ireresi

kifaa cha hi-fi

ivyuma vy' umuziki

ufunguo

urufunguruzo

gazeti

ikinyamakuru

uchoraji

gusiga amarangi

bango

isanamu nini

redio

insamirizi

daftari

ikaye ndangaminsi

kifyonza

asipirateri

dungusi kakati

icimera bita cactus

mshumaa

ibuji

jikoni
igikoni

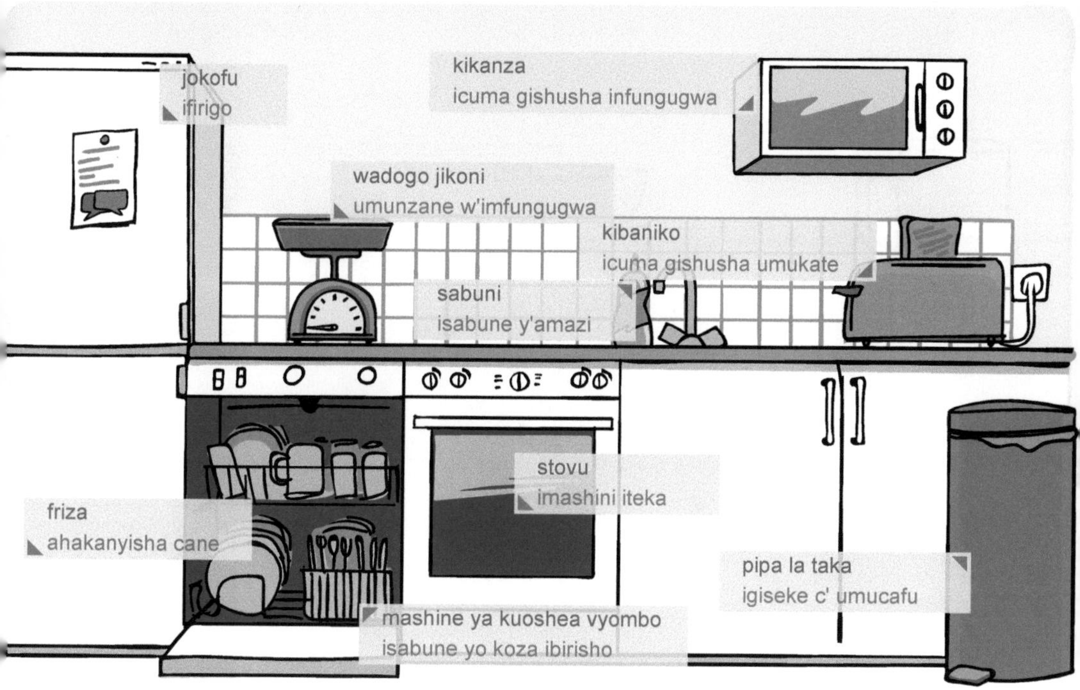

jokofu
ifirigo
kikanza
icuma gishusha infungugwa
wadogo jikoni
umunzane w'imfungugwa
kibaniko
icuma gishusha umukate
sabuni
isabune y'amazi
stovu
imashini iteka
friza
ahakanyisha cane
pipa la taka
igiseke c' umucafu
mashine ya kuoshea vyombo
isabune yo koza ibirisho

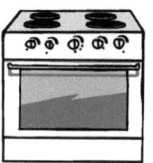

jiko la kupika

ishiga

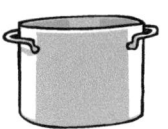

chungu

isafuriya

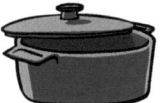

sufuria ya chuma

isafuriya y' icuma

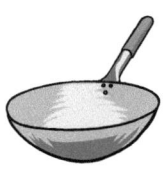

wok / kadai

ipanu bita wok

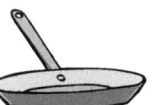

kaango

ipanu

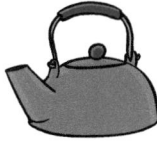

birika

akuma gashusha amazi

stima

isafuriya itekesha umuhisha

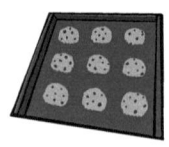

sinia ya kuoka

ico bakorerako imikate

vyombo vya udongo

ibirisho

kombe

igikombe

bakuli

ibakure

vijiti vya kulia

uduti two kurisha

ukawa

icaruzo c' isupu

mwiko mpana

ikimamiro

burashi

agakubitisho

kichujio

imashini isya ibifungurwa

chujio

akayunguruzo

mbuzi

agakatakata imfungugwa

chokaa

agasekuro

barbeque

icokerezo

moto wazi

urucaniro

ubao wa majaribio

urubaho rwo gukatirako

kijiti cha kusukuma unga

akabaho bakoresha spageti

kizibuo

urupfunguzo rw'umuvinyu

kopo

agasandugu

inaweza kopo

urupfunguzo
rw'agasandugu

kishikio cha chungu

ivyo gufatisha isafuriya
ishushe

karo

icogerezo

brashi

uburoso

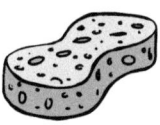

sifongo

ivyogesho

kisagaji matunda

imigiseri

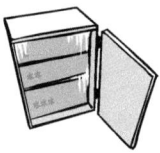

friji ya kina

frigo nini ikanyisha cane

chupa ya mtoto

bibero

bomba

ivomo

jikoni - igikoni

bafu
ubwogero

joto
imashini ishusha mu nzu
mfereji wa kuogea
kwoga
taulo
isume
pazia la kuogea
rido yo muri dushe
maji ya kuoga yenye povu
koga mu mazi arimwo ifuro ryinshi
hodhi
benywari
glasi
ikirahuri
mashine ya kuosha
imashini imesura
bomba
ivomo
vigae
amategura
poti
agasafuriya
karo
icogerezo

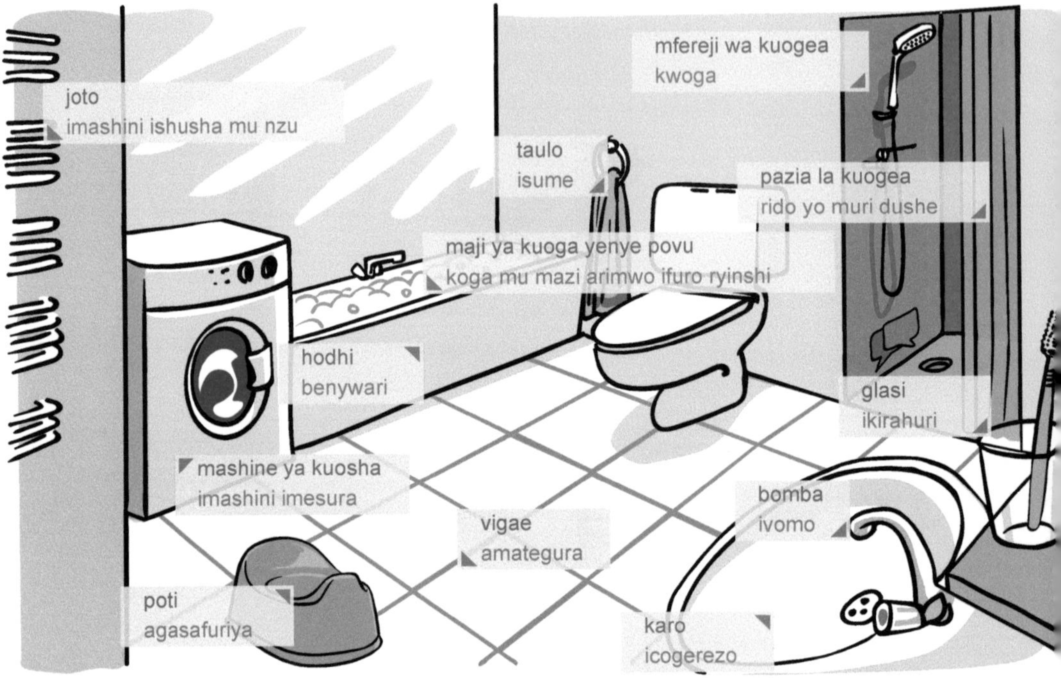

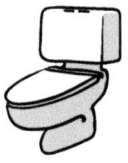

choo

Akazu ka surwumwe

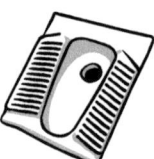

choo cha squat

akazu ka surwumwe k'ikirundi

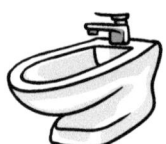

beseni la mviringo

akantu gatoya bogeraho

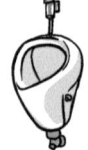

choo cha umma

aho basoba

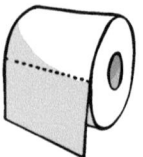

shashi

ibikaratatse vyo kwi sukuza mu nzu ya surwumwe

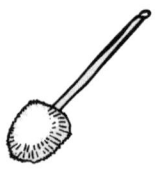

brashi ya choo

uburoso bwoza akazu ka surwumwe

mswaki
....
umujigiti

dawa ya meno
....
umuti wo koza amenyo

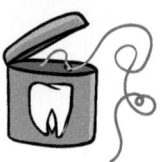

dawa ya meno
....
utugozi two gusukura
amenyo

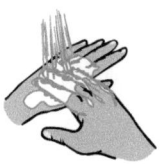

safisha
....
koza

kuoga mkono
....
ikinyuko

msukumo wa maji
....
ubwoko bwa dushe

bonde
....
ico bakarabiramo intoki

mpako wa pili
....
uburoso busukura mu
mugongo

sabuni
....
isabune

jeli ya kuogea
....
isabuni yo kwoga

shampuu
....
shampo

flana
....
agatambara ko kwisukura

toa maji
....
umuringoti

krimu
....
amavuta yo kwisiga

kiondoa harufu
....
iparufe yo mu kwaha

kioo

icirore

kioo mkono

icirore

kinyozi

imashini imwa ubwanwa

povu la kunyoa

ifuro ryo kumwa ubwanwa

baada ya kunyoa

umuti basiga aho bamoye

kichana

igisokozo

brashi

uburoso

kikausha nywele

akuma kumutsa umushatsi

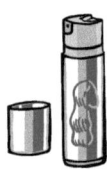

marashi ya nyewele

amavuta bapuriza mu mushatsi

vipodozi

ibikoresho vyo kwipodora

kidomwa

amavuta afise ibara yo k'umunywa

varnish ya msumari

verni y'inzara

pamba

ipampa

mkasi wa kucha

umukasi uca inzara

manukato

iparufe

mkoba wa kuosha

agasaho k' ivyo kwisukura ku rugendo

kinyesi

agatebe

mizani

umunzane

nguo ya kuoga

penywari

glavu za mpira

udufuko tw' intoke iyo bakora isuku

kisodo

kotegisi

sodo

kotegisi

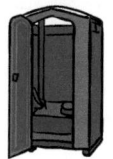

kemikali choo

ubwoko bw'akazu ka surwumwe

chumba ya mtoto
icumba c' umwana

saa ya kengele
isaha ivyura
kidoli cha kupakata
agakoko k' agapupe
gari bandia
ikijuwe c' umuduga
kelele
ikijuwe c' ibibondo bita hochet
chumba cha midoli
inzu badandaza amapupe
sasa
akaganuke

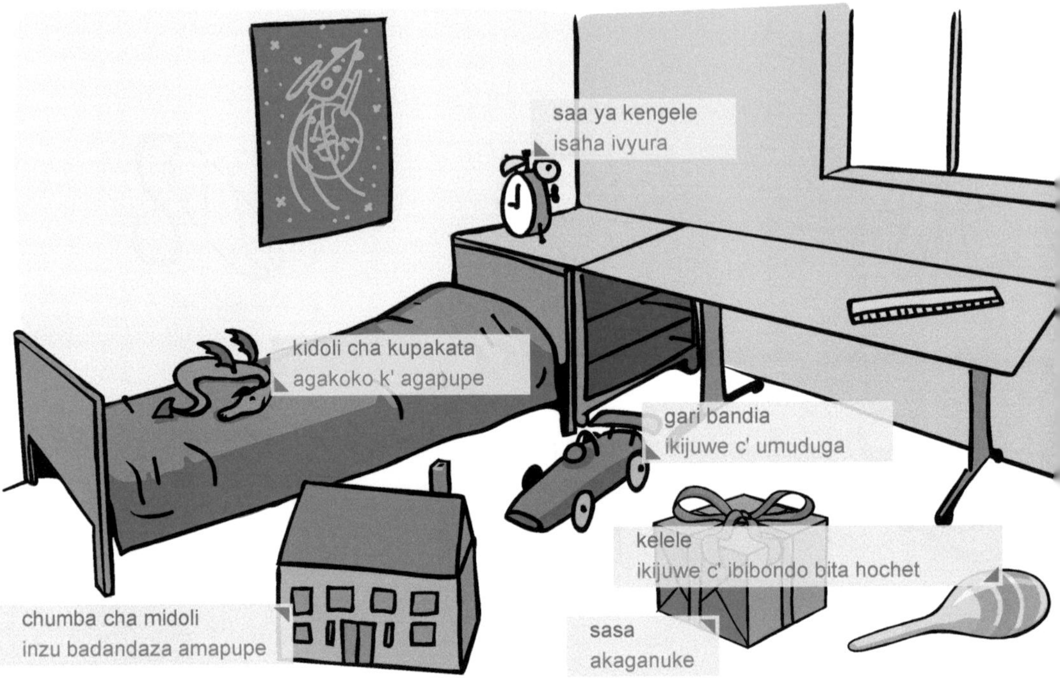

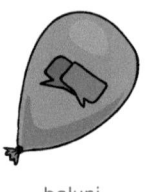

baluni
....
igipurizo

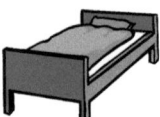

kitanda
....
uburiri

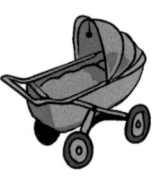

mashua
....

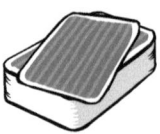

staha ya kadi
....
urukino rw' ikarata

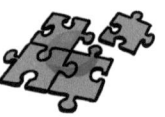

mchezo-fumb
....
urukino bita puzile

SUPER MEGA

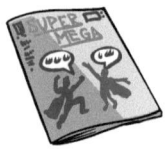

vichekesho
....
ibitabo vy' amashusho

matofali lego
....
urukino bita lego

vitalu mwigo
....
ibijuwe vyo kubaka

hatua takwimu
....
ipupe

suti ya kulalia
....
impuzu yo kurarana y
abana

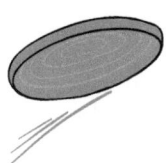

kisahani
....
urukino bita frisbi

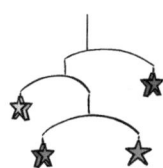

simu
....
udukinisho two ku buriri bw'
ibibondo

ubao wa michezo
....
urukino rwo kumeza

kete
....
agakinisho bita de

garimoshi mwigo
....
gari ya moshi z' ibikinisho

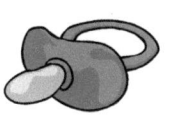

dummy
....
madanganya

chama
....
umunsi mukuru

picha kitabu
....
igitabo c' ibicapo

mpira
....
umupira

kikaragosi
....
igipupe

kucheza
....
gukina

shimo la mchanga

umusenyi abana
bakiniramwo

bembea

uruvuma

vitu bandia

ikijuwe

kiweko cha video ya
mchezo

urukino nyabwonko

baiskeli ya magurudumu

ikinga ry'amapine atatu

matatu

mwanasesere

igikoko bita ours c 'ikijuwe

kabati

akabati k' impuzu

nguo

impuzu

soksi

amashesheti

stokingi

amashesheti maremare

kibano

ubwoko bw'impuzu zifata
kandi zigaruka cane

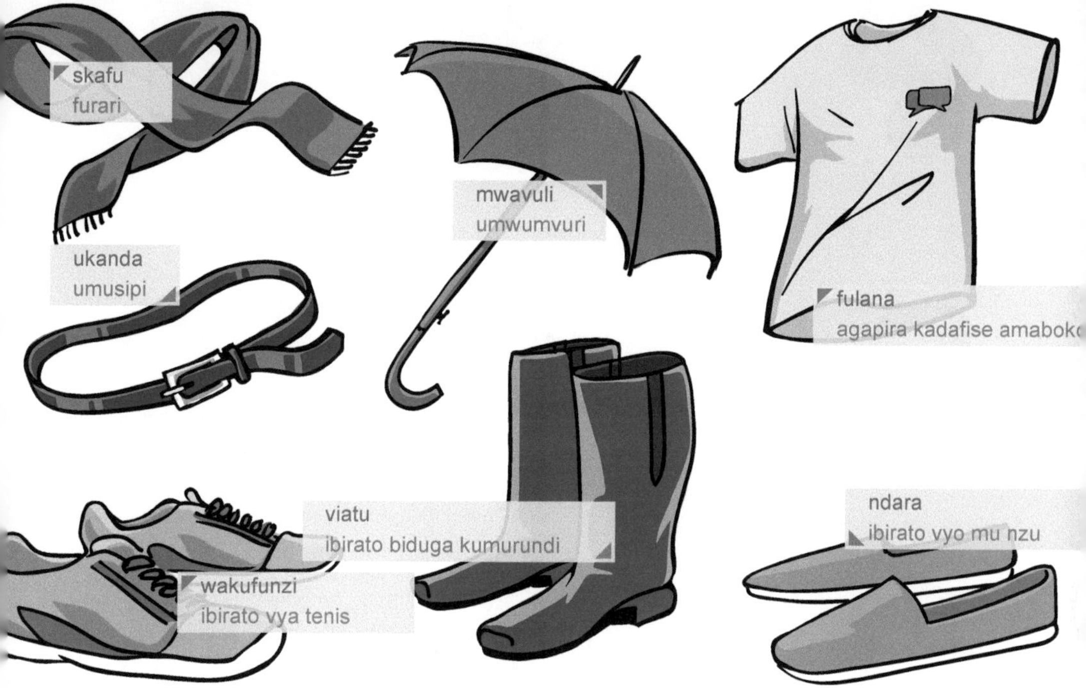

skafu
furari

mwavuli
umwumvuri

ukanda
umusipi

fulana
agapira kadafise amaboko

viatu
ibirato biduga kumurundi

ndara
ibirato vyo mu nzu

wakufunzi
ibirato vya tenis

malapa
isandari

viatu
ibirato

mabuti ya mpira
ingamiya

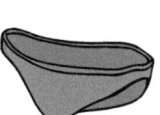

suruali ya ndani
imwesho

sidiria
isutiye

fulana
isengeri

mwili
impuzu z' imbere

suruali
ipantaro

dangirizi
ijinisi

sketi
ijipo

blauzi
agashati koroshe kabagore

shati
ishati

vuta
umupira w' imbeho

sweta
umupira w'imbeho ufise
inkofero

bleza
blazeri

jaketi
ikoti

koti
ikoti rirerire

koti la mvua
ikoti y'imvura

maleba
kositime

gauni
ikanzu

mavazi ya harusi
ikazu y'umugeni

suti

kositime

vazi la usiku

ikanzu yo kurarana

pajama

impuzu z' ijoro

sari

imvutano z'abahindi

skafu

igitambara co mu mutwe

kilemba

igitambara co mu mutwe
bita turban

burka

impuzu z' abasiramukazi

kaftan

ikanzu bita kaftan

abaya

impuzu y' abasiramu

vazi la kuogelea

impuzu yo kogana

vazi la kiume la kuogelea

impuzu yo kwogana
y'abagabo

kaptura

imwesho

teitei

itereningi

aproni

itaburiya

glavu

udufuko tw' intoke

kifungo

igifungo

glasi

amarori

bangili

igikomo

mkufu

akadede

pete

impeta

herini

ihereni

kofia

inkofero

kiango cha koti

porutemanto

kofia

inkofero

tai

karavate

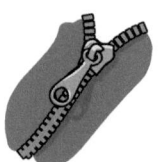

zipu

imashini

kofia

inkofero yo kwikingira

kanda za suruali

imisipi

sare za shule

impuzu y' ishure

sare

umwambaro rusangi
w'ahantu

bibu
utwo bambika ibibondo iyo birya

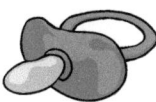

dummy
madanganya

nepi
iranje

seva
seriveri

kabati la kuweka faili
akabati k' ivyangombwa

aratasi
rukaratasi

kichapishaji
empirimante

kiwambo
ekra

dawati
ameza yo kwandikirako

kipanya
suri

folda
ico bashiramwo ivyangombwa

kibodi
karaviye

cha kuweka karatasi chafu
ke bajugunyamo amakaratasi

kiti
intebe

kompyuta
nyabwonko

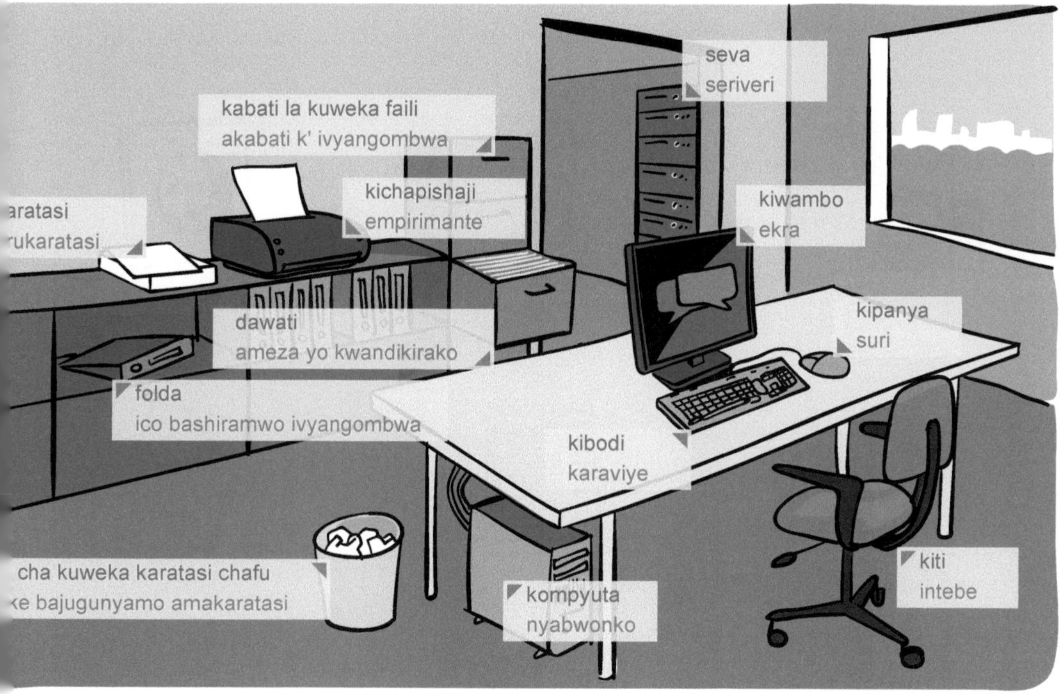

kmobe la kahawa
igikombe c' ikawa

kikokotoo
imashini iharura

biashara
ubuhinga ngurukanabumenyi

mbali

inyabwonko ngendanwa

barua

ikete

ujumbe

ubutumwa

rununu

telefoni ngendanwa

intaneti

rezo

fotokopia

fotokopiyeze

programu

rojisiyeri

simu

telefoni

soketi

purize

kipepesi

fagisi

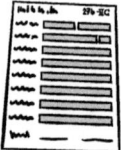

fomu

urukaratasi rwo kuzuza

hati

icangombwa

kununua
kugura

kulipa
kuriha

biashara
kudandaza

fedha
amahera

dola
idorari

yuro
iyero

yeni
iyene

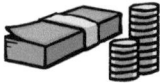

rouble
amahera y' abarusiya

faranga ya Uswisi
amahera y' abasuwisi

renminbi yuan
amahera bita renmimbi yuan

rupia
amahera bita rupi

eneo la kulipia
icuma gitanga amahera

ofisi ya ubadilishanaji
ku bavunjayi

dhahabu
inzahabu

fedha
umujumbu

mafuta
ipeteroli

nishati
inguvu

bei
ikiguzi

mkataba
amasezerano

kodi
amakori

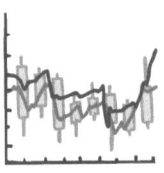

bidhaa
igice

kazi
gukora

mfanyakazi
umukozi

mwajiri
umukoresha

kiwanda
ihinguriro

duka
akaduka

kazi

imirimo

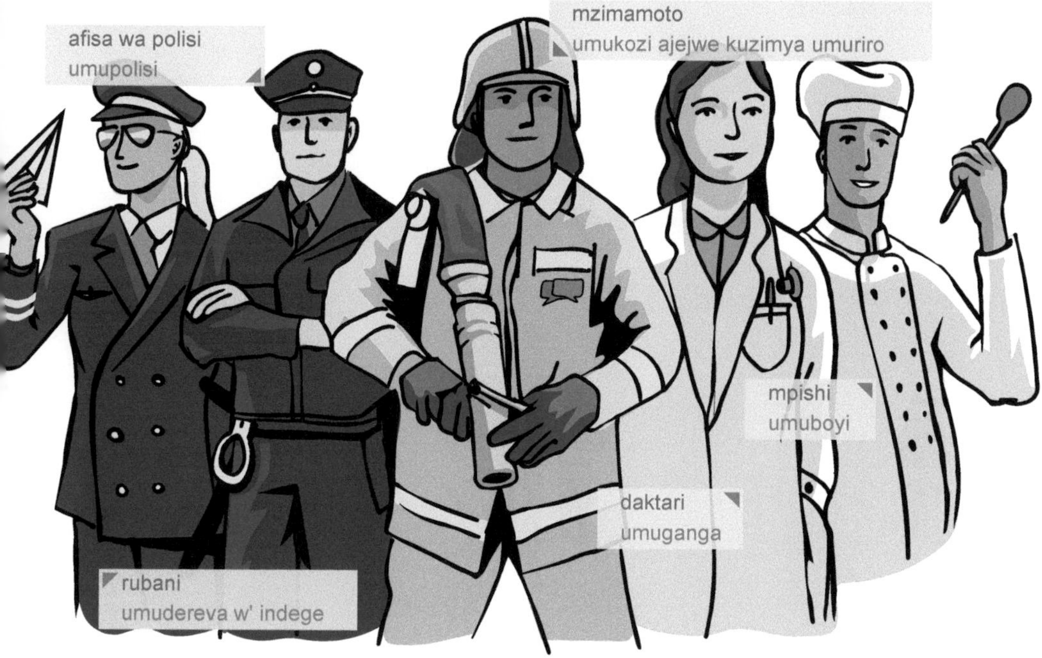
afisa wa polisi
umupolisi
mzimamoto
umukozi ajejwe kuzimya umuriro
mpishi
umuboyi
daktari
umuganga
rubani
umudereva w' indege

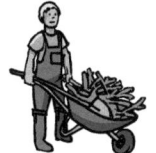

mtunza bustani

umukozi akora murikarima

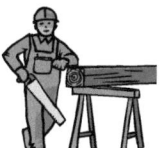

seremala

umubaji

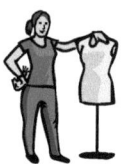

mshonaji

umushonyi

hakimu

umucamanza

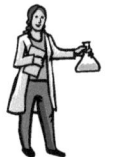

mwanakemia

umuhinga mu vya chimie

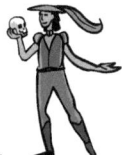

muigizaji

umukinyi w'amareresi

dereva wa basi

umudereva w' ibisi

dereva wa teksi

umudereva w' itagisi

mvuvi

umurovyi

mwanamke wa kusafisha

umuzezwanzukazi

mwezekaji

sharupantiye

mhudumu

umukozi wo muburiro
n'ubunywero

mwindaji

umuhigi

mchoraji

umufundi w' amarangi

mwokaji

umuntu akora imikate

umeme

umufundi w' amatara

mjenzi

umwubatsi

mhandisi

enjeniyeri

mchinjaji

umuyangayanga

fundi bomba

umufundi w' amazi

mwanaposta

umuparanto

mwanajeshi

umusoda

msanifu majengo

umuntu acapa inyubako

keshia

umuntu yakira amahera

muuza maua

umukozi ajejwe amashugwe

msusi

kimyozi

kondakta

kontororeri

mekanika

umufundi w' imiduga

nahodha

umudereva w' ubwato

daktari wa meno

umuganga w' amenyo

mwanasayansi

umuhinga mu vya siyansi

rabbi

umuhinga mu bayahudi bita
rabi

imamu

imame

mtawa

umuvugiramana

kasisi

umuvugiramana

zana
ibikoresho vy' ubwubatsi

nyundo
inyundo
koleo
ipensi
bisibisi
turunevisi
kurunzi
isitimu
spana
urufunguruzo

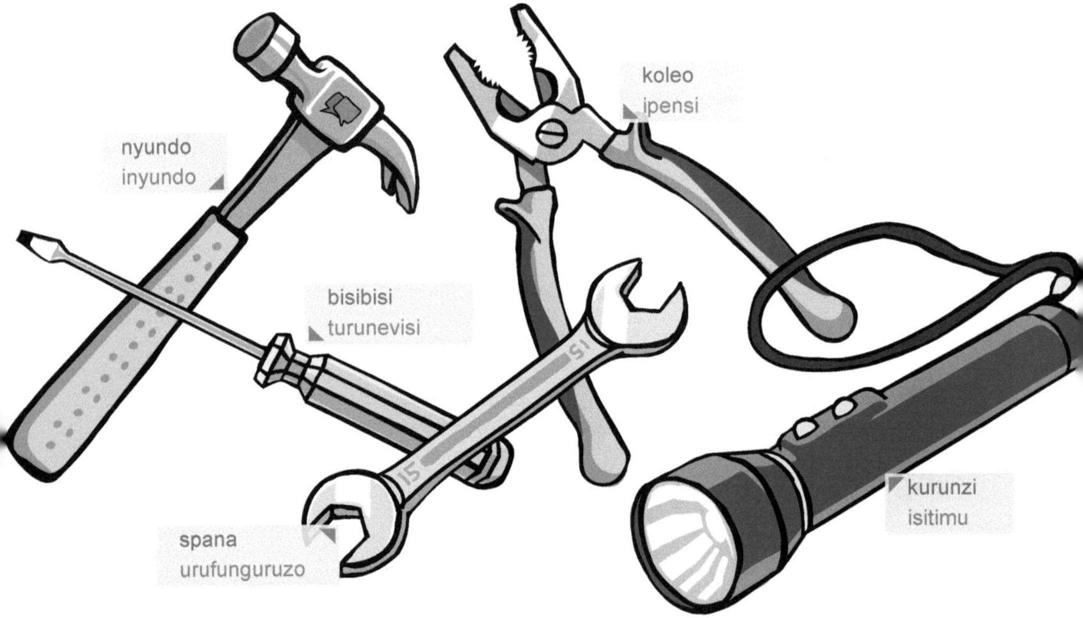

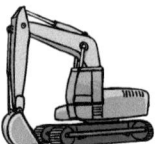

mchimbaji
tingatinga

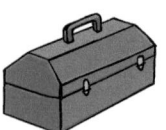

sanduku la vifaa
isaho y' ibikoresho

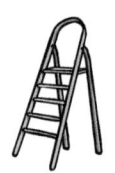

ngazi
ingazi

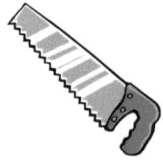

msumeno
umusumeno

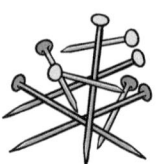

misumari
imisumari

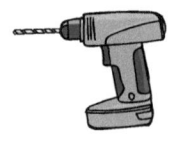

kuchimba visima
icuma bita foreuse

kukarabati

gukora

sepetu

igipawa

Lo!

asyi!

kishikio cha uchafu

agaterura umucafu

chungu cha rangi

indobo y' irangi

skurubu

ivis

ala za muziki

ivyuma vyo gucuraranga

spika
icuma bita Haut parleur

mpangilio wa ngoma
icuma ca musika bita batterie

gita
igitari

besi mara mbili
icuma ca musika bita contrebasse

tarumbeta
icuma ca musika bita trompette

piano

icuma ca musika bita piano

fidla

icuma ca musika bita violon

ubeji

gitare icuranga Bass

timpani

icuma ca musika bita
timbale

ngoma

ingoma

kibodi

icuma ca musika bita piano
electrique

saksafoni

icuma ca musika bita
saxophone

filimbi

umwirongi

maikrofoni

mikoro

bustani ya wanyama
iratiro ry' ibikoko

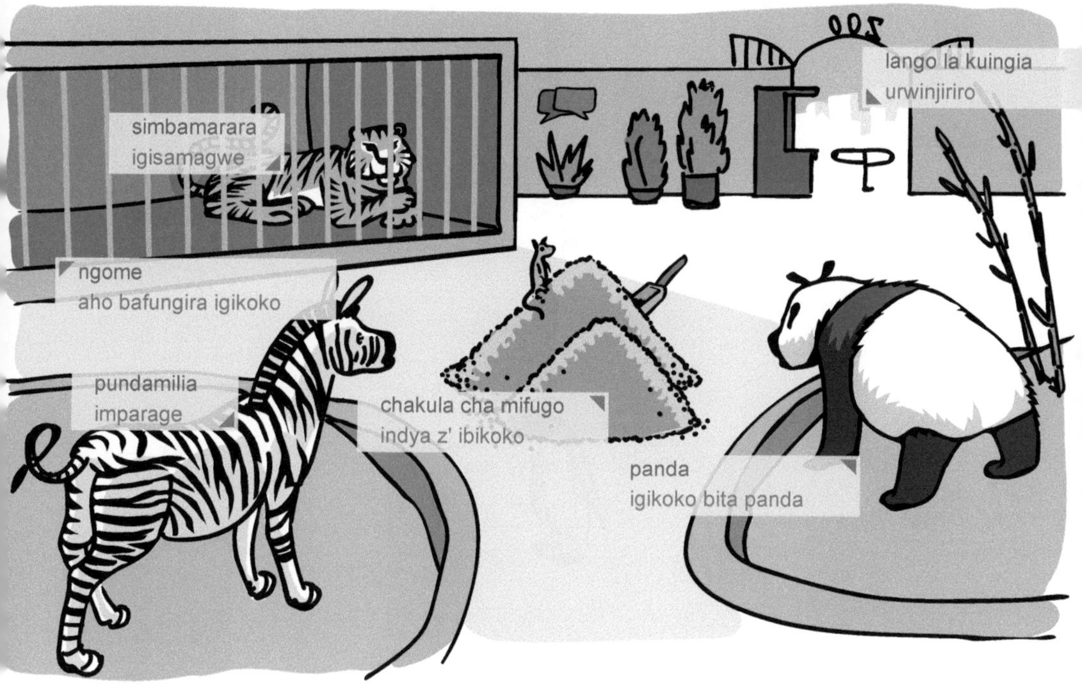
simbamarara
igisamagwe
langa la kuingia
urwinjiriro
ngome
aho bafungira igikoko
pundamilia
imparage
chakula cha mifugo
indya z' ibikoko
panda
igikoko bita panda

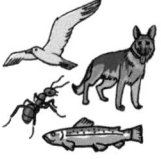

wanyama

ibikoko

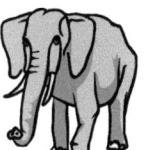

tembo

inzovu

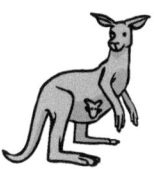

kangaruu

Kanguru

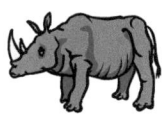

kifaru

igikoko bita Rhynoceros

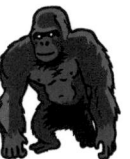

sokwe

inguge

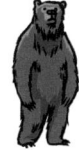

dubu

igikoko bita ours

ngamia

ingamiya

mbuni

inyoni bita autriche

simba

intare

tumbili

inkende

heroe

inyoni bita flamant rose

kasuku

gasuku

dubu

igikoko bita ours blanc

penguini

inyoni bita pinguin

papa

ifi bita requin

tausi

inyoni bita paon

nyoka

inzoka

mamba

ingona

mtunza wanyama

umurinzi w' iratiro ry' ibikoko

muhuri

igikoko bita phoque

jaguar

igikoko bita jaguar

mwanafarasi

bwoko bw' ifarasi bita pony

chui

ingwe

kiboko

imvubu

twiga

umusumbarembo

tai

agaca

nguruwe mwitu

ingurube y' ishamba

samaki

ifi

kobe

akanyamasyo

sili

igikoko bita morse

mbweha

imbwebwe

paa

ingeregere

soka ya marekani
urukino rwa football yo muri amerika

uendeshaji baiskeli
ugusiganwa ku makinga

tenisi
urukino rwa tennis

mpira wa kikapu
urukino rwa basketball

kuogelea
koga

ndondi
urukino rw' ingumu

magongo ya barafuni
urukino rwa ice-hockey

soka
umupira w'amaguru

vinyoya
urukino rwa badminton

riadha
ubunonotsi

mpira wa mikono
urukino rwa handball

skii
urukino rwa ski

polo
urukino rwa Polo

shughuli
imirimo

cheka
gutwenga
kuruka
gusimba
kumbatia
kugumbirana
kutembea
kugenda
kuimba
kuririmba
ota ndoto
kurota
kuomba
gusenga
busu
gusoma

A

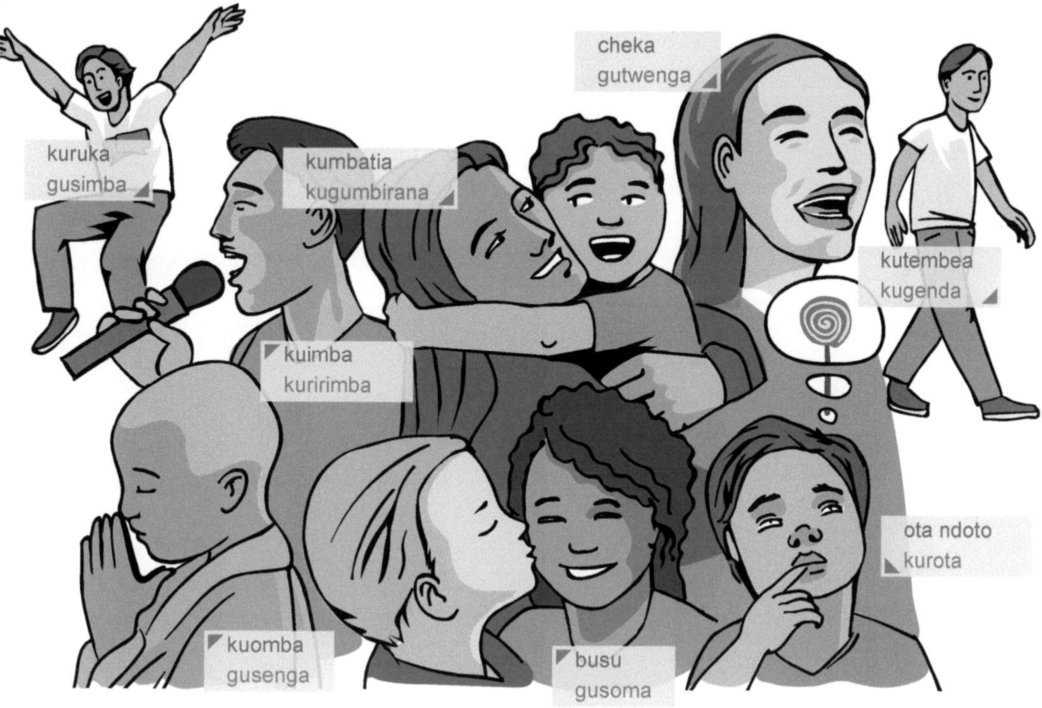

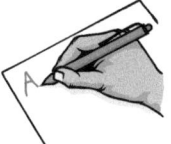

kuandika

kwandika

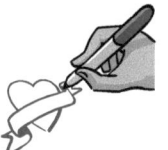

kuteka

gucapa

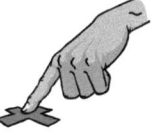

angalia

kwereka

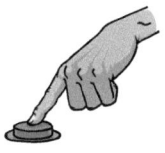

sukuma

gusuguma

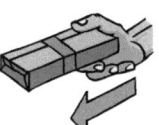

kutoa

gutanga

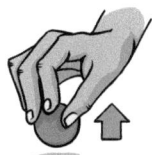

kuchukua

gutora

kuwa
kugira

fanya
kugira

kuwa
kuba

kusimama
guhagarara

kukimbia
kwiruka

vuta
gukwega

kutupa
guta

kuanguka
gutemba

hadaa
kurambarara hasi

kusubiri
kurindira

kubeba
gutwara

kukaa
kwicara

vaa nguo
kwambara

usingizi
kuryama

kuamka
kuvyuka

kuangalia

kuraba

lia

kurira

kiharusi

kwagaza

chana nywele

gusokoza

ongea

kuvuga

kuelewa

gutahura

kuuliza

kubaza

kusikiliza

kumviriza

kunywa

kunywa

kula

gufungura

nadhifisha

gutondeka

upendo

gukunda

mpishi

guteka

gari

gutwara

kuruka

kuguruka

meli

kugira siporo bita voile

kokotoa

guharura

kusoma

gusoma

kujifunza

kwiga

kazi

gukora

kuoa

kurongora

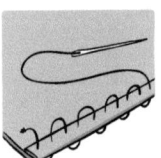

kushona

gushona

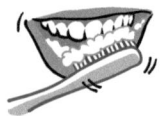

piga mswaki

kwijigitura

kuua

kwica

moshi

kunywa itabi

kutuma

kurungika

familia
umuryango

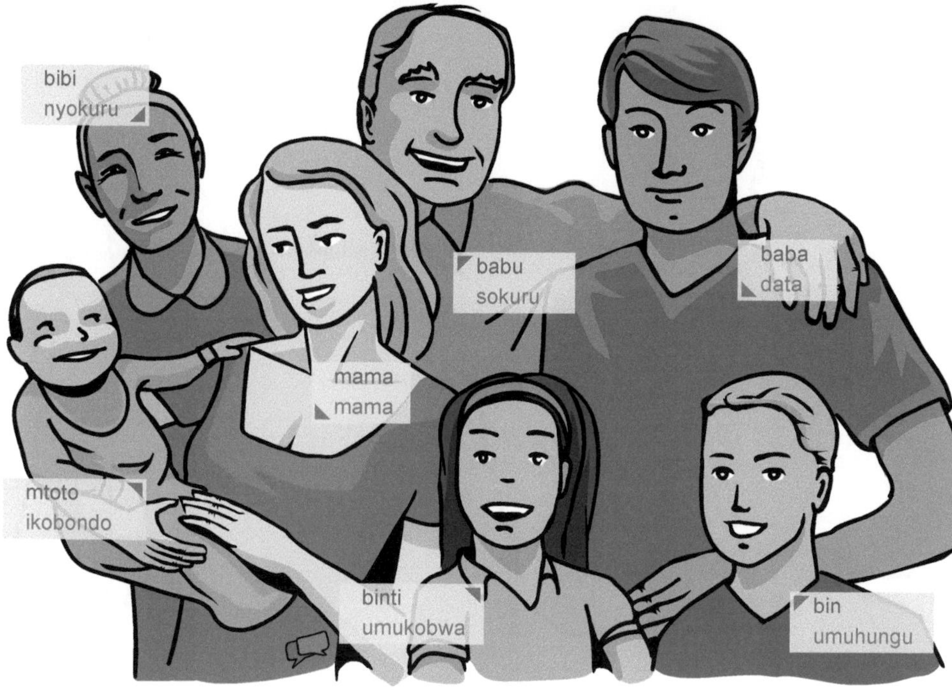
bibi
nyokuru
babu
sokuru
baba
data
mama
mama
mtoto
ikobondo
binti
umukobwa
bin
umuhungu

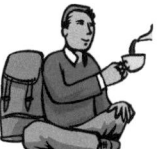

mgeni
umushitsi

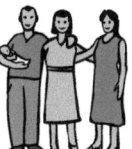

shangazi
masenge

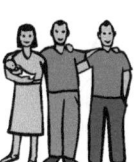

mjomba
marume

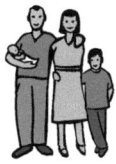

kaka
musaza w' umuntu

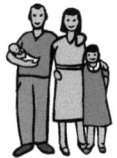

dada
mushiki w' umuntu

mwili
umubiri

paji la uso
agahanga
jicho
ijisho
uso
isura
kidevu
agasakanwa
matiti
agatuntu
kidole
urutoki
mkono
ikiganza
mkono
ukuboko
bega
urutugu
mguu
ukuguru

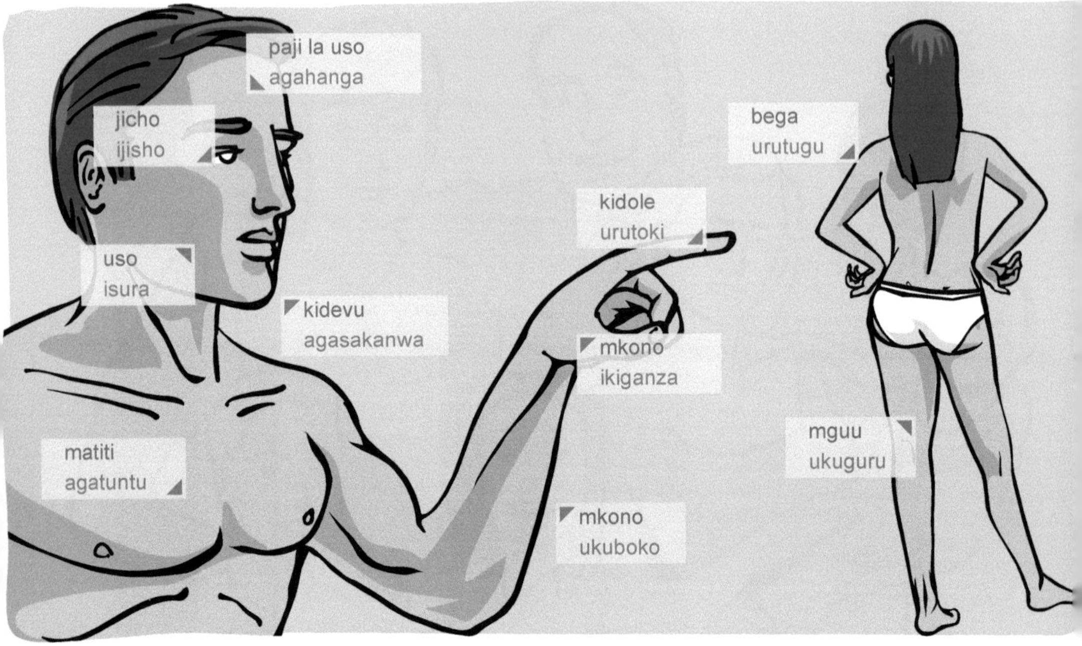

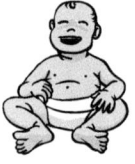

mtoto
ikobondo

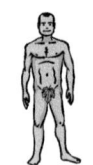

mwanamume
umugabo

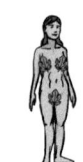

mwanamke
umugore

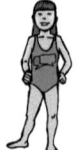

msichana
umwigeme

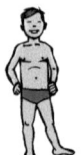

mvulana
umuhungu

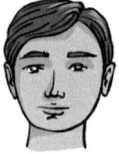

kichwa
umutwe

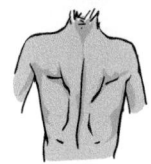

nyuma

umugongo

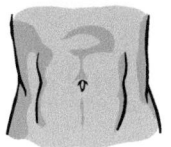

tumbo

inda

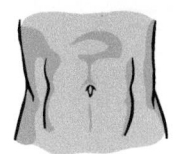

kitovu

umukondo

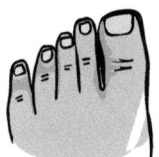

chano

ino

kisigino

agatsintsiri

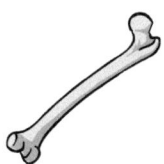

mfupa

igufa

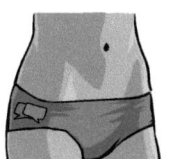

nyonga

ku mafyigo

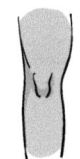

goti

ivi

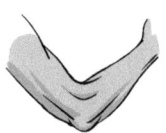

kiwiko

inkokora

pua

izuru

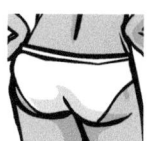

chini

igisusu

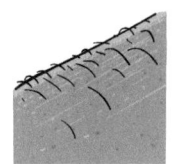

ngozi

urukoba

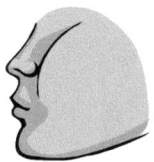

shavu

itama

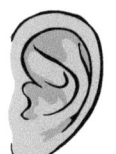

sikio

ugutwi

mdomo

umunwa

kinywa
umunwa

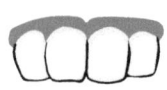

jino
iryinyo

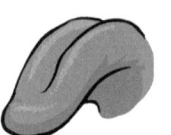

ulimi
ururimi

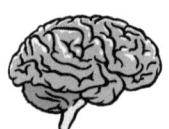

ubongo
ubwonko

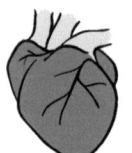

moyo
umutima

misuli
umutsi

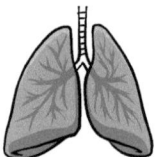

pafu
ihaha

ini
igitigu

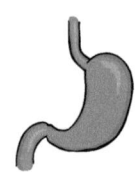

tumbo
umushishito

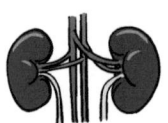

figo
amafyigo

jinsia
kurangura amabanga
y'abubatse

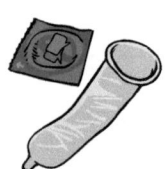

kondomu
agapfuko

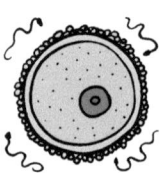

ovari
imbuto y' umugore

shahawa
imbuto y'umugabo

mimba
imbanyi

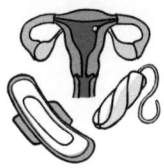

hedhi
....
kuja mu kwezi

uke
....
igituba

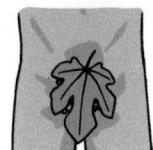

uume
....
imboro

unyusi
....
ingohe

nywele
....
umushatsi

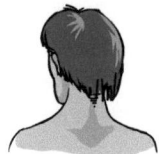

shingo
....
izosi

hospitali
ibitaro

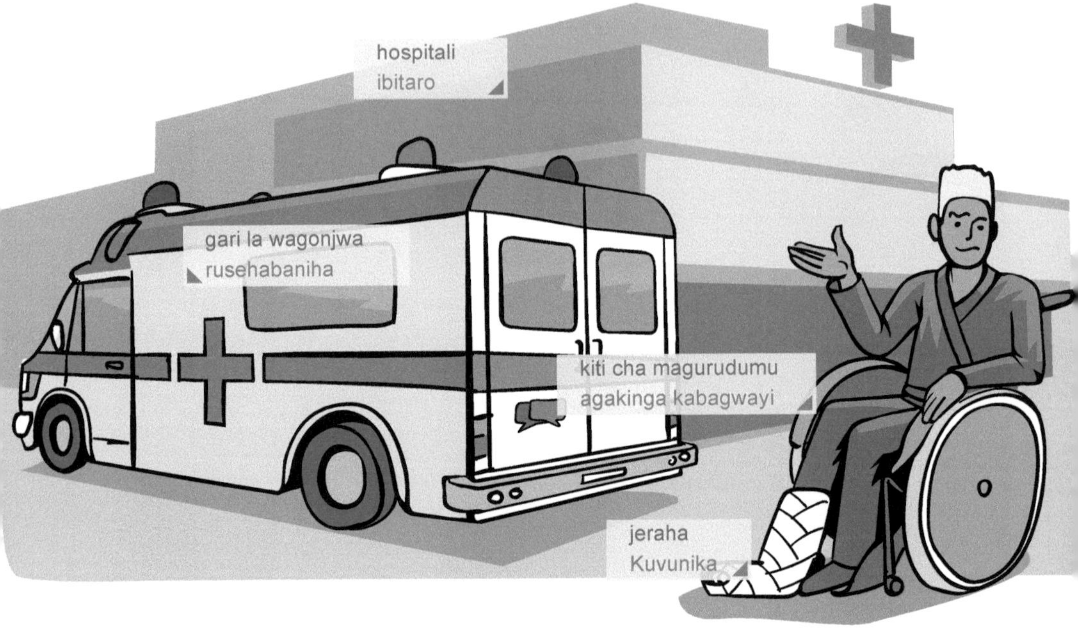

hospitali
ibitaro
gari la wagonjwa
rusehabaniha
kiti cha magurudumu
agakinga kabagwayi
jeraha
Kuvunika

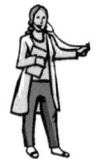

daktari

umuganga

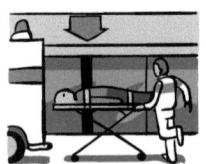

chumba cha dharura

mundembe

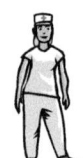

muuguzi

umuforomokazi

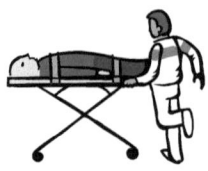

dharura

irijanse

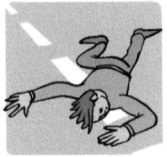

kupoteza fahamu

guta ubwenge

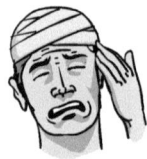

maumivu

ububabare

kuumia

igikomere

kutokwa na damu

kuva amaraso

mshtuko wa moyo

uguhagarara k' umutima

kiharusi

kuvira indani

mzio

guhurirwa

kikohozi

inkorora

homa

ubushuhe bw'umubiri

mafua

giripe

kuharisha

gucibwamwo

maumivu ya kichwa

kumeneka umutwe

kansa

Kanseri

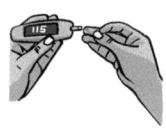

ugonjwa wa kisukari

Diyabeti

daktari mpasuaji

muganga ajejwe kubaga

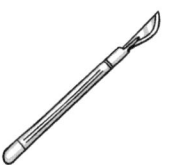

kisu kidogo cha kupasulia

akuma ka muganga ubaga

operesheni

kubagwa

picha changanufu ya mwili

sikaneri

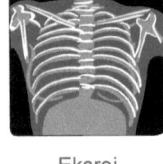

Eksrei

radiyogarafi

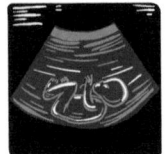

mawimbi sauti

ekogarafi

barakoa ya uso

masike

ugonjwa

indwara

chumba cha kusubiri

aho kurindirira

mkongojo

icishimikizo

plasta

gufuka igikomere

bendeji

gufuka igikomere

sindano

gutera urushinge

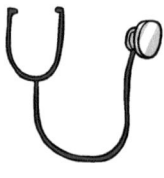

stetoskopu

icuma cumviriza amahaha
n'umutima

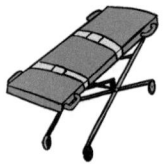

machela

ingovyi

kipimajoto cha kliniki

igipima umuriro w' umubiri

kuzaliwa

kuvuka

unene kupita kiasi

umuvyibuho urengeje

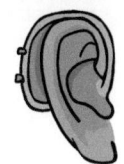

kusikia misaada

igifasha umuntu kumva
neza

kipukusi

imiti y' ibikomere

maambukizi

kwandura

virusi

umugera

VVU / UKIMWI

umugera wa sida

dawa

ubuvuzi

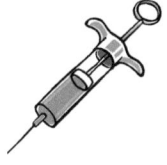

chanjo

guhabwa urucanco

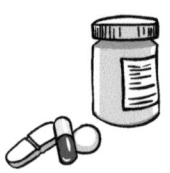

vidonge

ibinini

kidonge

ikinini mbonezamvyaro

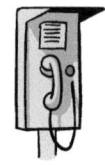

simu ya dharura

telefone itabaza

haemodainamometa

igipima umuvuduko w'
amaraso

mgonjwa / mwenye afya

arwaye / akomeye

Msaada!

muntabare!

kengele

ikengere

pigo

igitero

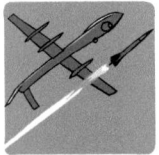

shambulizi

igitero

hatari

ibihe bikomeye

lango la dharura

icanzo

Moto!

umuriro!

kizima moto

ikizimyamwoto

ajali

isanganya

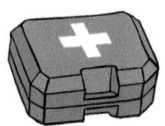

vifaa vya huduma ya
kwanza

isanduku y' ubutabazi

wito wa msaada

ubutabazi

polisi

igipolisi

Ulaya

Buraya

Amerika ya Kaskazini

Uburaruko bw' amerika

Amerika ya Kusini

Ubumanuko bw' amerika

Afrika

Afurika

Asia

Aziya

Australia

Ositarariya

Atlantiki

ibahari y' Antalantika

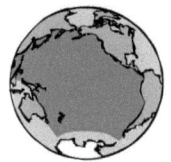

Pasifiki

ibahari ya Pasifika

Bahari ya Hindi

ibahari y' Ubuhinde

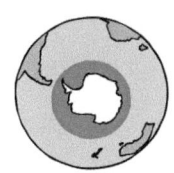

Bahari ya Antaktiki

ibahari y' Antaragitika

Bahari ya Aktiki

ibahari y' Aragitika

Ncha ya Kaskazini

Uburaruko bw' umubumbe
w' isi

Ncha ya Kusini
Ubumanuko bw' umubumbe
w' isi

Antaktika
antaragitika

dunia
isi

nchi
isi

bahari
ibahari

kisiwa
izinga

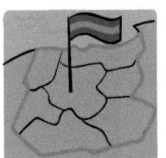

taifa
igihugu

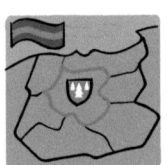

jimbo
reta

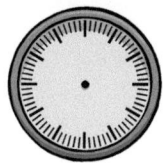

uso wa saa

aho barabira isaha

akrabu ya saa

urushinge rw' amasaha

akrabu ya dakika

urushinge rw' iminota

akrabu ya sekunde

urushinge rw' amasegonda

Ni saa ngapi?

ni gihe ki?

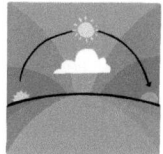

siku

umunsi

wakati

igihe

sasa

ubu nyene

saa ya dijitali

isaha ya electronique

dakika

umunota

saa

isaha

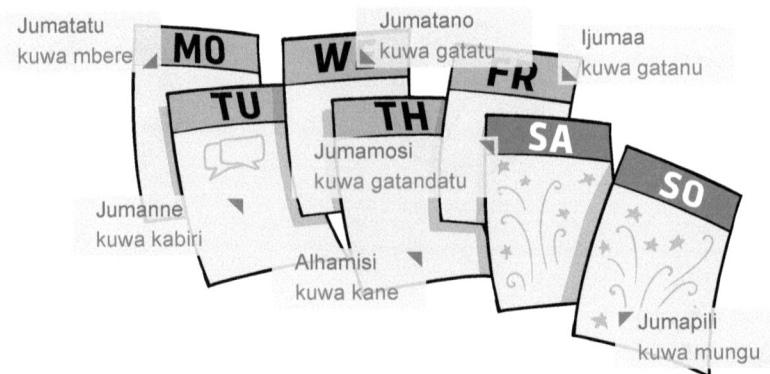

Jumatatu kuwa mbere — MO

Jumatano kuwa gatatu — W

Ijumaa kuwa gatanu — FR

Jumanne kuwa kabiri — TU

Jumamosi kuwa gatandatu — TH

Alhamisi kuwa kane — SA

Jumapili kuwa mungu — SO

jana

ejo haheze

leo

ubunyene

kesho

ejo hazoza

asubuhi

mu gatondo

saa sita mchana

sasita

jioni

ku mugoroba

siku za biashara

iminsi y' ibikorwa

mwishoni mwa wiki

weekende

mwaka

umwaka

mvua
imvura
upinde wa mvua
umunywamazi
upepo
umuyaga
theluji
urubura
majira ya machipuko
igihe c' umwaka bita printemps
vuli
igihe c' umwaka bita Automne
kiangazi
ici
majira ya baridi
igihe c' umwaka bita hiver

4.APRIL 11°
5.APRIL 4°
6.APRIL 13°
7.APRIL 8°
8.APRIL 10°

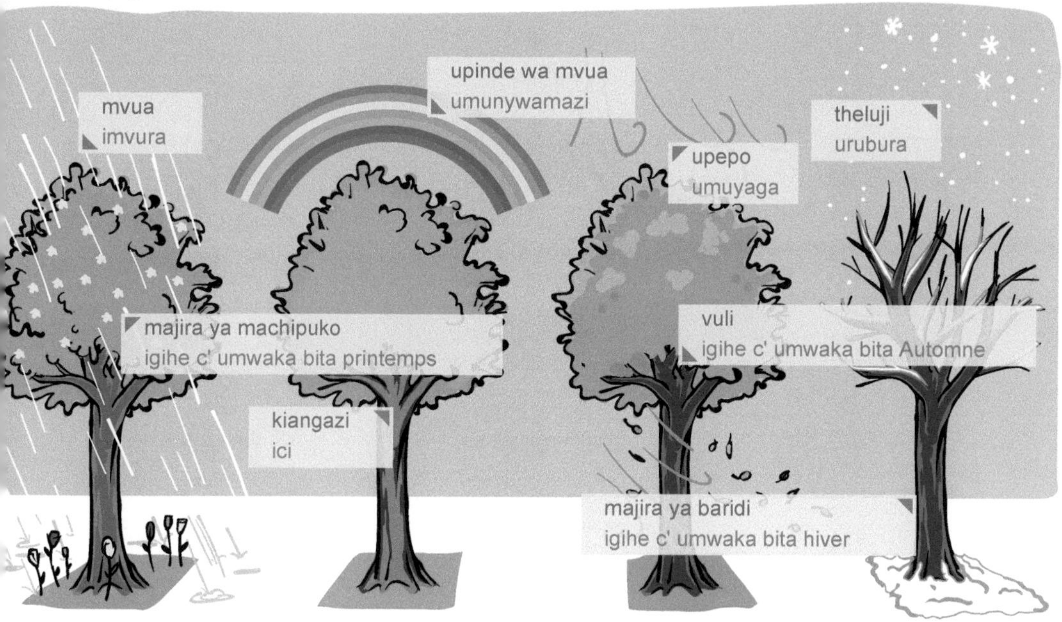

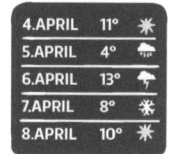

utabiri wa hali ya hewa

ikirangabihe

F C
120 40
90 30
60 20
30 10
0 0
-30 -10
-20

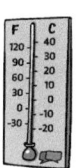

kipimajoto

igipima ubushuhe bw' umubiri

mwanga wa jua

ubuseruko bw' izuba

wingu

igicu

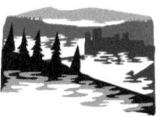

ukungu

igipfungu

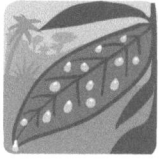

unyevu

ifira

umeme
....
umuravyo

radi
....
inkuba

dhoruba
....
igihuhusi

mvua ya mawe
....
urubura

monsuni
....
igihuhusi bita mousson

mafuriko
....
umwuzure

barafu
....
ibarafu

Januari
....
nzero

Februari
....
ruhuhuma

Machi
....
ntwarante

Aprili
....
ndamukiza

Mei
....
rusama

Juni
....
ruhenshi

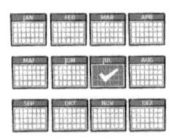

Julai
....
mukakaro

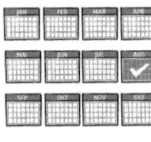

Agosti
....
myandagaro

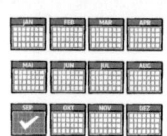

Septemba
....
nyakanga

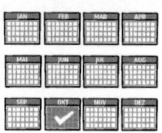

Oktoba
....
gitugutu

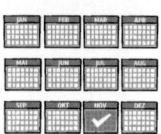

Novemba
....
munyonyo

Desemba
....
migarama

maumbo
forume geometrike

mduara
....
umuzingi

mraba
....
ikwadarato

mstatili
....
urikiramende

pembetatu
....
inyabutatu

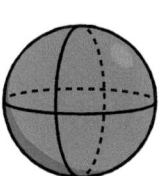

nyanja
....
umubumbe

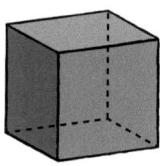

mchemraba
....
agasandugu

amabara

nyeupe

ibara ryera

manjano

ibara ry' umuhondo

chungwa

ibara risa n' umucungwe

rangi ya waridi

ibara rya rose

nyekundu

ibara ritukura

hudhurungi

ibara rya mauve

bluu

ibara ry' ubururu

kijani

ibara ry'icatsi kibisi

hanja

ibara ry' igihogo

jivujivu

ibara rya gris

nyeusi

ibara ryirabura

mengi / kidogo

vyinshi / bikeyi

hasira / pole

washavuye / utekereje

nzuri / mbaya

mwiza / mubi

mwanzo / mwisho

intanguriro / iherezo

kubwa / ndogo

kinini / gitoyi

angavu / giza

gikeye / cijimye

kaka / dada

usaza w' umuntu / mushiki w' umuntu

safi / chafu

gisukuye / gicafuye

kamilika / tokamilika

gikwiye / gicagatiye

siku / usiku

umunsi / ijoro

wafu / hai

wapfuye / ariho

pana / nyembamba

cagutse / caga

kulika / kutolika

kiryoshe / kibishe

ovu / ema

umutima mubi / umutima mwiza

sisimkwa / udhika

anezerewe / arambiwe

nene / nyembamba

kivyibushe / conze

kwanza / mwisho

cambere / canyuma

rafiki / adui

umugenzi / umwansi

jaa / tupu

cuzuye / kiri gusa

ngumu / laini

kigumye / coroshe

nzito / nyepesi

kiremereye / gihwahutse

njaa / kiu

inzara / inyota

mgonjwa / mwenye afya

arwaye / akomeye

haramu / kisheria

cemewe n'amategeko / kitemewe n'amategeko

akili / kijinga

incabwenge / ikijuju

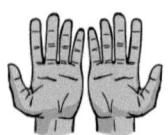

kushoto / kulia

ibubamfu / iburyo

karibu / mbali

hafi / kure

mpya / kutumika
gishasha / gishaje

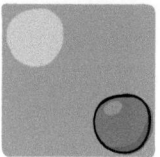

kitu / jambo
ntaco / kiriho

zee / changa
umutama / urwaruka

waka / zima
kwatsa / kuzimya

wazi / fungwa
kugurura / kugara

utulivu / kelele
gitekereje / gifise urwamo

tajiri / masikini
umutunzi / umukene

sahihi / kosa
nivyo / sivyo

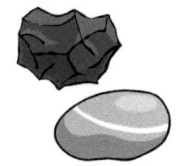

mbaya / laini
kigoramye / kigororotse

huzunika / furahia
ashavuye / anezerewe

fupi /ndefu
kigufi / kirekire

polepole / haraka
kigenda bukebuke /
kinyaruka

nyevu / kavu
gitose / cumye

joto / baridi
gishushe buhoro / gikanye
buhoro

vita / amani
intambara / amahoro

0

sufuri

ubusa

1

moja

rimwe

2

mbili

kabiri

3

tatu

gatatu

4

nne

kane

5

tano

gatanu

6

sita

gatandatu

7

saba

indwi

8

nane

umunani

9

tisa

icenda

10

kumi

cumi

11

kumi na moja

cumi na rimwe

12

kumi na mbili

cumi na kabiri

13

kumi na tatu

cumi na gatatu

14

kumi na nne

cumi na kane

15

kumi na tano

cumi na gatanu

16

kumi na sita

cumi na gatandatu

17

kumi na saba

cumi n' indwi

18

kumi na nane

cumi n' umunani

19

kumi na tisa

cumi n' icenda

20

ishirini

mirongo ibiri

100

mia

ijana

1.000

elfu

igihumbi

1.000.000

milioni

umuriyoni

Kiingereza

Icongereza

Kiingereza cha Marekani

Icongereza co muri Amerika

Kimandarini cha Uchina

Mandare kivugwa mu
bushinwa

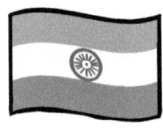

Kihindi

Igihinde

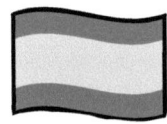

Kihispania

Ikispaniya

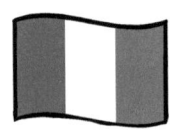

Kifaransa

Igifaransa

Kiarabu

Icarabu

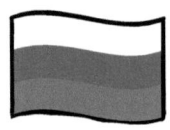

Kirusi

Ikirusiya

Kireno

Igiporitigare

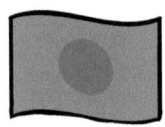

Kibengali

Ikibengare

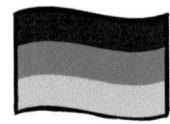

Kijerumani

Ikidage

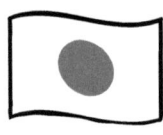

Kijapani

Ikiyapani

mimi

jewe

wewe

wewe

yeye / yeye / ni

we / we / co

sisi

twebwe

wewe

mwebwe

wao

bo

nani?

inde?

nini?

iki?

jinsi gani?

gute?

wapi?

hehe?

lini?

ryari?

jina

izina

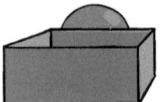

nyuma
inyuma ya

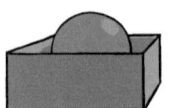

katika
indani ya

mbele ya
imbere ya

juu ya
hejuru ya

kwenye
ku

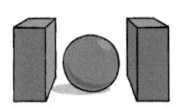

chini ya
munsi ya

kando
mu mbavu ya

kati
hagati ya

mahali
ikibanza